박영규 선생님의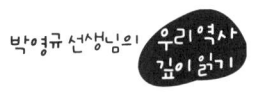

고구려사 이야기 1
동명성왕부터 서천왕까지

그린이 **이은하**

경상남도 진해에서 태어났습니다.
현재 홍익대학교 미술대학원 회화과에 재학 중이며,
대한민국 미술대전에서 입상하였습니다.
지금은 일산에서 작품 활동을 하고 있습니다.

박영규 선생님의 우리 역사 깊이 읽기
고구려사 이야기 1
동명성왕부터 서천왕까지

1판 1쇄 발행 | 2006. 11. 7
1판 15쇄 발행 | 2019. 4. 27

박영규 글 | 이은하 그림

발행처 김영사 | 발행인 고세규
등록번호 | 제406-2003-036호
등록일자 | 1979.5.17
주 소 | 경기도 파주시 문발로 197 (우10881)
전 화 | 마케팅부 031-955-3100 편집부 031-955-3113~20
팩 스 | 031-955-3111

ⓒ 2006 박영규
이 책의 저작권은 저자에게 있습니다.
저자와 출판사의 허락 없이 내용의 일부를 인용하거나 발췌하는 것을 금합니다.

값은 표지에 있습니다.
ISBN 978-89-349-2304-6 73900
ISBN 978-89-349-1949-0 (세트)

좋은 독자가 좋은 책을 만듭니다. 김영사는 독자 여러분의 의견에 항상 귀 기울이고 있습니다.
독자의견전화 031-955-3139 | 전자우편 book@gimmyoung.com | 홈페이지 www.gimmyoungjr.com
어린이들의 책놀이터 cafe.naver.com/gimmyoungjr | 드림365 cafe.naver.com/dreem365

어린이제품 안전특별법에 의한 표시사항
제품명 도서 제조년월일 2019년 4월 27일 제조사명 김영사 주소 10881 경기도 파주시 문발로 197
전화번호 031-955-3100 제조국명 대한민국 ⚠주의 책 모서리에 찍히거나 책장에 베이지 않게 조심하세요.

박영규 선생님의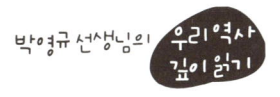

고구려사 이야기 1
동명성왕부터 서천왕까지

주니어김영사

글쓴이의 말

역사를 도둑질 당하지 않으려면 제대로 알아야 한다

중국이 고구려사를 훔쳐가려 한다는 말을 듣고 온 국민이 분노하고 있다. 하지만 필자는 오히려 그런 중국이 고맙다. 고구려사를 훔쳐가려는 그들에게 절이라도 하고 싶은 심정이다.

도대체 무슨 소리냐며 필자를 이상한 눈으로 쳐다보는 사람들이 있을 줄로 안다. 그러나 생각해보라. 우리 역사상 이렇게 고구려 역사에 깊은 관심을 가졌던 시절이 있었는지.

요즘 텔레비전에는 고구려 이야기가 자주 등장한다. 방송사들은 약속이라도 한 듯이 주몽, 연개소문, 대조영 등의 사극을 통해 고구려사를 조명하고 있다. 그야말로 온 국민의 눈과 귀가 고구려사에 쏠리게 되지 않았는가? 그러니 역사를 도둑질 해 가려는 중국이 오히려 고맙다는 것이다.

역사는 다른 학문과 달리 주인이 있는 학문이다. 그러나 역사는 그냥 자기 것이라고 아무 관심도 없이 내버려두면 남의 것이 되는 특이한 학문이다. 원나라의 역사는 몽골의 역사지만 몽골보다 중국이 더 많은 관심을 가지고 있었기에 중국의 역사가 되어버렸다. 고구려사도 무관심 속에 내버려두면 언제 그렇게 될 지 알 수 없다.

고구려사를 우리 역사로 유지시키려면 우선 모든 국민이 고구려에 대해서 알아야 한다. 그리고 고구려사에 대해 깊은 관심과 애착을 가져야 한다.

그런데 우리의 실정은 어떠한가? 고구려 역사를 연구하는 사람 중에 한국인보다 중국인이 더 많다는 사실을 아는 사람은 별로 없을 것이다. 이렇듯 고구려에 대해서 무관심하니, 고구려사를 빼앗으려고 덤벼드는 자들이 생기는 것이다.

서점에 가서 제대로 된 고구려 역사책이 몇 권이나 있는지 확인해 보면 우리가 얼마나 고구려에 대해서 무관심했는지 깨닫게 될 것이다.

고구려 역사를 체계적이고 정확하게 알려주는 책은 찾아보기 힘들다. 그나마 눈에 띄는 책도 요즘 드라마에서 뜨고 있는 몇몇 역사적 인물들을 다루고 있을 뿐이다.

더구나 어린이 책으로 눈을 돌려보면 상황은 더욱 열악하다. 고구려사를 제대로 다룬 역사책은 몇 권 되지도 않는데, 거기다 내용까지 엉터리인 경우가 허다하다. 어린이 책이라고 대충 재미 위주로 만든 책이 대다수라는 것이다.

우리 국민의 대다수는 어린 시절에만 역사책을 읽고 어른이 되면 거의 읽지 않는다. 따라서 역사 지식은 어릴 때 배운 것이 거의 전부라고 할 수 있다. 어린이 역사책이 잘못 만들어지면 우리나라의 역사 교육 자체가 잘못되는 셈이다.

이번에 내놓는 《고구려사 이야기》는 어린이를 위한 우리 역사 깊이 읽기 시리즈 12권을 완성하는 의미를 갖는다. 역사를 지키는 힘은 제대로 아는 것에 있는 만큼 이 책이 부디 중국의 고구려사 도둑질을 막는 방패 역할을 할 수 있길 바란다.

박영규

차례

제1대 동명성왕실록
고구려를 세운 동명성왕 8

동명성왕 가계도 24

❈ 고구려사 깊이 읽기
고구려는 무슨 뜻일까? 26

제2대 유리명왕실록
두 아들을 죽게 한 유리명왕 28

유리명왕 가계도 42

제3대 대무신왕실록
고구려의 힘을 키운 대무신왕 44

대무신왕 가계도 66

제4대 민중왕실록
조카를 대신해 왕이 된 민중왕 68

민중왕 가계도 70

제5대 모본왕실록
신하에게 살해된 모본왕 72

모본왕 가계도 76

제6대 태조왕실록
고구려를 최강국으로 만든 태조왕 78

태조왕 가계도 94

❀ 고구려사 깊이 읽기
고구려 역사는 어떤 책을 보고 알 수 있을까? 96

제7대 차대왕실록
반란으로 왕이 된 폭군 차대왕 98

차대왕 가계도 110

제8대 신대왕실록
화합 정치로 고구려를 바로 세운 신대왕 112

신대왕 가계도 124

제9대 고국천왕실록
당당히 개혁을 이룬 고국천왕 126

고국천왕 가계도 142

제10대 산상왕실록
형수를 왕비로 맞아들인 산상왕 144

산상왕 가계도 156

제11대 동천왕실록
무리하게 싸우다 실패한 동천왕 158

동천왕 가계도 180

제12대 중천왕실록
고구려를 다시 일으켜 세운 중천왕 182

중천왕 가계도 188

❀ 고구려사 깊이 읽기
고구려의 예술 세계는 어떠했을까? 190

제13대 서천왕실록
북방으로 영토를 넓힌 서천왕 192

서천왕 가계도 200

❀ 고구려사 깊이 읽기
고구려의 관제 및 행정 체계는 어떠했을까? 202

제1대 동명성왕실록

고구려를 세운 동명성왕

동명성왕시대의 세계 약사

중국은 서한의 제11대 고종원제와 제12대 성제 시대였다. 유교를 받든 원제에 이어 왕위에 오른 성제는 이상주의에 바탕한 정치를 펼쳤으나 나중에는 방탕한 생활을 했다.
서양의 로마에서는 브루투스의 배반으로 카이사르 시대가 끝나고 카이사르의 아들 옥타비아누스를 비롯해 안토니우스, 레피두스에 의한 삼두 정치가 시작되었다. 하지만 기원전 31년 악티움 해전에서 옥타비아누스 군이 안토니우스 군을 물리쳐 옥타비아누스가 정권을 차지했다. 이때부터 로마는 황제가 나라를 다스리는 제정시대를 맞이했다.

활쏘기의 천재, 주몽의 탄생

고구려의 시조 동명성왕은 성은 고씨, 이름은 주몽이다. 아버지는 해모수, 어머니는 유화인데, 주몽의 탄생에 대해서는 다음과 같은 신비한 이야기가 전해진다.

유화는 물의 신, 하백의 딸이었다. 그녀는 얼굴이 예쁘고 마음이 고와서 많은 남자들의 마음을 설레게 했다.

어느 날, 유화가 두 여동생과 강가에서 놀고 있는데 귀한 옷을 차려입은 한 남자가 다가와 말했다.

"나는 천제의 아들 해모수다. 우연히 지나가다 너를 보았는데, 네가 너무 아름다워 눈길을 돌릴 수가 없구나."

'천제'란 하늘의 왕, 태양신 등을 뜻하는 말로 천제의 아들이란 곧 왕을 말하는 것이다. 북부여[2]의 왕인 해모수는 길을 지나가다가 눈부시게 아름다운 유화를 보고 발길을 멈춘 것이다. 해모수는 수줍어하며 얼굴을 붉힌 채 서 있는 유화의 손목을 잡아끌었다.

"네가 나를 만난 것은 하늘의 뜻이니, 기꺼이 나를 받들도록 하라."

그러나 해모수는 유화에게 아이를 갖게 하고 그길로 떠나 버렸다.

이 일로 유화의 아버지, 하백은 단단히 화가 났다.

"어찌 부모의 허락도 없이 남자와 정을 통하고 아이까지 가진단 말이냐? 고얀 것, 꼴도 보기 싫다! 당장 내 눈앞에서 사라져라!"

유화는 아이를 밴 몸으로 집에서 쫓겨났다. 갈 곳 없는 유화가 찾아간 곳은 금와왕이 다스리는 동부여였다. 동부여는 해모수의 아들 해부루가 세운 나라로, 금와왕은 해부루의 아들이었다. 그러니까 유화는 금와왕의 할머니뻘이었다.

유화는 금와왕을 만나 이렇게 말했다.

"저는 하백의 딸 유화입니다. 동생들을 데리고 나가 놀고 있는데, 때마침 한 남자가 천제의 아들 해모수라고 하면서 나를 압록강 가에 있는 집으로 데리고 가서 몸을 범하더니 그길로 떠나 돌아오지 않았습니다. 부모님은 허락도 없이 남자와 정을 통한 저를 크게 꾸짖고 집에서 내쫓았습니다."

그 말을 들은 금와왕은 유화를 이상한 여자로 여기고 그녀를

1. 동명성왕
(기원전 58~기원전 19)
고구려 제1대 왕(재위 기간 기원전 37~기원전 19)으로 해모수와 유화 사이에서 태어나 고구려를 세웠다. 이름은 고주몽이다.

2. 부여
기원전 4세기 무렵 송화강과 흑룡강 유역에 예맥족이 세운 나라다. 그 뒤 800여 년 동안 지속되면서 북부여, 동부여 등으로 이름이 변하다가 493년 2월에 무너졌다.

방에 가두어 놓았다. 그러자 창으로 새어든 햇살이 유화를 비추기 시작했다. 유화가 몸을 피하면 햇살도 따라 움직이며 계속 그녀를 비추었다.

그러다가 얼마 뒤 유화는 큰 알을 낳았다.

금와왕은 유화가 알을 낳았다는 말을 듣고 깜짝 놀랐다.

"사람이 알을 낳다니! 불길한 일이로다. 그 알을 가져다가 개와 돼지에게 먹이로 주도록 해라."

하지만 개와 돼지 들은 알을 먹지 않았다.

그러자 금와왕이 다시 명령했다.

"그 알을 길에 버려라. 지나가는 소와 말이 밟아 깨뜨려 버리게 하라."

이번에는 소와 말이 알을 피해 다녔다.

이를 본 금와왕이 다시 말했다.

"알을 들판에 갖다 버려라."

금와왕은 알을 멀리 들판에 갖다 버리고서야 마음이 놓였다. 그러나 며칠 지나지 않아서 신하들이 말했다.

"왕이시여, 유화가 낳은 알을 들판에 갖다 버렸지만 들짐승이 알을 전혀 건드리지 않습니다. 게다가 새들이 날개로 알을 덮어 주고 있습니다."

"그것 참 이상한 일이로다. 알을 도로 가져와서 직접 깨뜨려 버리도록 해라."

하지만 알은 사람의 힘으로는 깨어지지 않았다. 금와왕은 별수 없이 알을 유화에게 돌려주었다. 유화가 알을 감싸 따뜻한

곳에 두니, 한 사내아이가 껍데기를 깨고 나왔다. 금와왕은 아이를 보고 이렇게 생각했다.

'신비로운 알에서 나온 아이라서 그런지 보통 생김새가 아니구나. 이 아이에게 함부로 해를 입혀서는 안 되겠다.'

아이는 일곱 살이 되자 스스로 활과 화살을 만들어 쏘았는데 백발백중이었다. 그래서 아이 이름을 '주몽'이라고 지었다. '주몽'은 부여 말로 '활을 잘 쏘는 사람'이라는 뜻이다.

이 이야기는 《삼국사기》[3]에 실려 있는데, 사람이 알에서 태어났다는 것은 물론 지어낸 이야기다. 나라를 세운 첫 번째 왕에 대해서 이런 신비한 이야기를 남기는 것은 전 세계 많은 나라에서 자주 발견할 수 있다. 이는 나라를 세운 시조를 위대한 영웅으로 떠받들어 그 나라를 특별하게 보이기 위한 방법이다.

그렇다고 해서 이러한 이야기가 완전히 거짓은 아니다. 주몽의 탄생 이야기에서 우리는 몇 가지 진실을 알 수 있다.

먼저 주몽은 해모수와 유화 사이에서 태어났다는 것이다.

해모수는 북부여의 왕이고 유화는 하백의 딸이다. 하백은 중국 신화에서 물의 신으로 알려져 있는데, 아마도 큰 강 가까이에 있는 나라의 왕이나 귀족일 것이다. 이런 하백의 딸 유화는

3. 《삼국사기》
고려 인종 때 김부식 등이 왕의 명령으로 펴낸 고구려, 백제, 신라의 역사책이다.

해모수와 정식으로 결혼하지 않은 채 주몽을 낳았다.

또 한 가지, 주몽은 금와왕이 다스리던 동부여에서 태어나 자랐다는 것이다. 금와왕은 해모수의 손자이기 때문에 해모수의 아들이라는 주몽을 길러 주었다. 하지만 주몽은 해모수가 유화와 정식으로 결혼해서 낳은 아들이 아니었기 때문에 길바닥과 들판에 버려지는 어려움을 당했다. 바로 이런 이유로 주몽은 자라면서도 계속 어려움을 겪게 된다.

주몽을 미워한 동부여의 왕자들

주몽이 태어나고 자란 동부여는 해부루가 세운 나라였다. 해부루는 늙을 때까지 아들이 없었다. 그래서 산과 내에 제사를 드려 아들 낳기를 빌었다.

하루는 해부루가 탄 말이 어느 연못에 이르렀는데, 그곳에 있던 큰 바위를 보고 말이 눈물을 흘리기 시작했다. 이를 이상하게 여긴 해부루가 신하들에게 말했다.

"저 바위 아래에 무엇이 있나 보구나. 바위를 굴려 보아라."

신하들이 바위를 치우자 개구리처럼 생긴 황금색 어린아이가 있었다. 해부루가 크게 기뻐하며 말했다.

"이는 하늘이 내게 준 아이로다."

그리고 그 아이를 데리고 와서 금와(황금색 개구리)라는 이름을 지어 주고 태자로 삼았다.

세월이 흐른 어느 날, 신하 아란불이 해부루를 찾아와 이렇

게 말했다.

"왕이시여, 나라의 도읍을 옮겨야 할 듯하옵니다."

아란불의 갑작스런 주장에 놀란 해부루가 물었다.

"갑자기 왜 도읍을 옮기자고 하느냐?"

"어느 날 하느님이 저에게 내려와 '앞으로 나의 자손으로 하여금 이곳에 나라를 세울 것이니 너는 여기서 떠나라. 동쪽 바닷가에 '가섭원'이라는 곳이 있는데, 땅이 기름져서 곡식을 재배하기에 좋으니 그곳을 도읍으로 삼아라.' 라고 말씀하셨습니다."

해부루는 아란불의 말에 따라 나라의 도읍을 옮기고 나라 이름을 '동부여'라고 지었다. 그리고 옛 도읍지에는 어디에서 왔는지 알 수 없는 사람이 스스로 천제의 아들 해모수라고 하면

> **4. 《삼국유사》**
> 고려 충렬왕 때 승려 일연이 고구려, 백제, 신라에 전해 내려오는 이야기를 엮은 책이다.

서 그곳을 도읍으로 삼았다.

이 이야기도 《삼국사기》에 실린 내용이다. 《삼국사기》에는 해모수와 해부루가 어떤 사이인지 알 수 없다고 쓰여 있다. 그런데 《삼국유사》[4]에는 해부루가 해모수의 아들이라고 쓰여 있다.

그런데 주몽은 해모수의 아들이기 때문에 해부루에게는 동생이고, 금와왕에게는 삼촌이 되는 셈이다. 하지만 주몽이 태어날 때 금와왕은 여러 왕자의 아버지였다. 그리고 이미 해부루는 세상을 떠나고 없었다. 다시 말해 해모수는 무척 늙은 나이에 유화를 만나 주몽을 낳게 했다는 것을 알 수 있다.

어쨌든 금와왕은 할머니뻘인 유화를 궁궐에서 살 수 있게 해 주었고 알에서 태어난 주몽도 궁궐에서 키워 주었다.

주몽은 자라면서 금와왕의 일곱 아들과 함께 놀았다. 그런데 그 가운데에서 주몽의 재주가 가장 뛰어났다. 들에서 사냥을 하면 주몽은 적은 화살을 가지고도 일곱 왕자보다 훨씬 많은 짐승을 잡았다. 동부여의 일곱 왕자는 이런 주몽을 매우 미워했다.

"주몽은 사람이 낳지 않았으며, 그 재주가 뛰어나기 때문에 일찍 죽여 버리지 않으면 나중에 나라에 불행을 가져올 것입니다. 주몽을 없애 버려야 합니다."

일곱 왕자 가운데 맏이인 대소가 금와왕에게 말했다.

"대소야, 주몽의 재주가 뛰어나다고 하나 너무 걱정하지 말아라. 대신 주몽에게 마구간의 말을 돌보는 일을 시키마."

금와왕은 주몽을 죽이지 않고 마구간에서 일하게 했다. 주몽은 마구간에서 말을 기르면서 빨리 달리는 말에게는 먹이를 적게 주어 여위게 하고, 둔한 말에게는 먹이를 많이 주어 살찌게 했다. 왕은 살찐 말은 자기가 타고 여윈 말은 주몽에게 주었다.

금와왕은 주몽을 죽이지 않고 살려 두었지만 일곱 왕자와 여러 신하들은 주몽을 죽이려는 마음을 버리지 않았다.

"주몽을 계속 살려 두어도 괜찮을까요?"

"해모수 왕의 아들이라고 하면서 언젠가 나라를 차지하려 할까 봐 걱정입니다."

"활쏘기 재주가 보통 뛰어난 것이 아니라서 나중에는 그를 당해 낼 수 있는 사람이 아무도 없을지도 모릅니다."

"우리 손으로 주몽을 빨리 죽여 버립시다."

유화는 왕자와 신하 들의 속셈을 알아차리고는 조용히 주몽을 불러서 말했다.

"사람들이 너를 죽이려고 한다. 너는 재주가 많고 영리하니 어디 간들 살지 못하겠느냐. 여기에 있다가는 죽음을 당할 게 뻔하니 멀리 달아나도록 해라."

주몽은 이 말을 듣고 곧 달아나기로 했다. 그리고 오이, 마리, 협보라는 세 친구에게 말했다.

"왕자들이 나를 죽이려 해서 이곳을 떠나려 하는데 나와 같이 가자."

그러자 친구들이 말했다.

"왕자들이 금방 뒤쫓아 올 텐데 잡히지 않을까?"

"그건 걱정 마라. 나는 발 빠른 말을 가지고 있고 왕자들의 말은 둔하고 느리다. 결코 쫓아오지 못할 것이다."

그리하여 주몽과 친구들은 말을 타고 동부여를 떠났다. 이를 알게 된 일곱 왕자는 곧 주몽을 뒤쫓아 왔다.

그런데 주몽 일행 앞에 '엄호수'라는 큰 강이 나타났다. 그들에게는 강을 건널 배가 없었다. 뒤에는 왕자들이 말을 타고 달려오고 있었다.

"이제 어떻게 해야 하지?"

"왕자들이 우리를 잡으면 분명히 죽이려 들 텐데."

그때 주몽이 강을 향해 크게 소리쳤다.

"나는 천제의 자손이요, 하백의 외손자다! 지금 나를 해치려는 무리들을 피해 도망가고 있는데 뒤쫓는 사람들이 있으니 어떻게 하면 좋겠느냐?"

그러자 물고기와 자라 들이 물 위로 떠올라 다리를 만들었다. 주몽과 친구들은 물고기와 자라의 등을 밟으며 강을 건널 수 있었다. 물고기와 자라 들은 주몽 일행이 강을 건너자마자 물속으로 사라져 동부여 왕자들은 강을 건널 수 없었다.

이 이야기에서 주몽이 물고기와 자라의 등을 밟고 강을 건넜다는 내용은 물론 지어낸 것이다. 하지만 주몽이 목숨이 위태로운 상황에서 어렵게 탈출했다는 것은 사실이다. 주몽은 이렇게 동부여에서 도망치는 데 성공해 새로운 인생을 헤쳐 나가게 되었다.

졸본부여로 도망가서 고구려를 세운 주몽

강을 건너 동부여에서 도망친 주몽이 다다른 곳은 졸본부여 땅이었다. 졸본부여는 '구려국'이라고도 불리는 곳이었다.

구려국에 이른 주몽은 '모둔곡'이라는 계곡에서 이상한 옷을 입고 있는 세 사람을 만났다. 한 명은 삼베옷을 입었고, 또 한 명은 장삼을 입었으며, 다른 한 사람은 물풀로 만든 옷을 입고 있었다.

주몽은 그들에게 다가가 물었다.

"그대들은 누구인가?"

그러자 세 사람이 각각 이름을 밝혔는데 재사, 무골, 묵거라고 했다.

주몽이 세 사람에게 말했다.

"나는 천제의 자손이자 하백의 외손자다. 그대들에게 성씨를 내리고 나의 신하로 삼고자 하는데, 어떠하냐?"

"영광일 따름입니다."

주몽은 재사에게는 극씨, 무골에게는 중실씨, 묵거에게는 소실씨의 성을 내렸다. 그리고 이들과 더불어 나라를 세우고, 나라 이름을 '고구려'라고 지었다. 주몽은 졸본을 도읍으로 하여 고구려를 세웠다. 그들은 비류수 강가에 집을 짓고 살며 세력을 넓힌 것으로 전해진다.

하지만 《삼국사기》에 실린 이 이야기는 어딘가 미심쩍다. 낯선 땅에 처음 도착한 주몽이 단 세 사람의 신하와 함께 나라를 세웠다는 것은 믿기 어렵기 때문이다.

《삼국사기》에는 주몽이 고구려를 세운 것에 대해 좀 더 다른 이야기도 함께 전하고 있다.

주몽이 동부여에서 도망쳐 도착한 졸본부여에는 다섯 부족이 나라를 이루어 살고 있었다. 바로 연노부, 절노부, 순노부, 관노부, 계루부다. 이 가운데에서 연노부가 가장 힘이 센 부족이라 졸본부여의 왕은 줄곧 연노부에서 나오고 있었다.

졸본부여에 이른 주몽은 계루부의 족장, 연타취발 앞에 불려

갔다.

"그대는 어디에서 온 누구인가?"

"저는 동부여에서 왔습니다. 천제의 아들인 해모수의 아들이자 하백의 외손자이며 이름은 주몽이라고 합니다. 지금은 뜻하지 않게 목숨이 위태로워 이곳에 오게 되었습니다."

연타취발은 이 말을 듣고 주몽이 보통 사람이 아니라고 생각하고는 그를 사위로 삼기로 했다.

"그대에게 내 딸을 줄 테니 이곳에서 살도록 해라."

"감사합니다."

주몽에게 시집온 연타취발의 딸은 소서노였다.

주몽은 소서노에게 이렇게 말했다.

"부인의 부족이 나를 받아 주었으니 부족을 위해 온 힘을 다 하겠소."

주몽을 받아들인 계루부는 얼마 지나지 않아 다섯 부족 가운데 가장 큰 힘을 가지게 되었다. 그러자 그때부터 졸본부여의 왕은 계루부에서 나오게 되었다.

주몽은 계루부의 족장 연타취발이 세상을 떠나자 계루부의 지도자가 된 것은 물론 졸본부여의 왕이 되었다.

왕이 된 주몽은 이렇게 말했다.

"지금부터 나라 이름을 고구려로 하겠노라. 또한 내 성씨도 고씨로 하리라."

본래 연노부에서 다스리던 졸본부여는 '구려국'이라고도 불렸다. 주몽은 이 이름에 높다는 뜻의 '고' 자를 덧붙여 고구려라

5. 말갈
만주 북동부와 한반도 북부에 살던 퉁구스계 부족이다. 숙신, 읍루라고도 불렸으며 이후 여진으로 이어졌다.

고 했다. 이는 '위대한 구려국'이라는 뜻이다. 이때가 기원전 37년이며 주몽의 나이는 22세였다.

주몽은 구려국의 다섯 부족 가운데 계루부의 힘을 바탕으로 고구려를 세운 것이다. 주몽이 고구려를 세운 것은 계루부는 물론, 부인 소서노의 힘이 있었기 때문이다.

활쏘기 대결을 벌여 영토를 넓힌 동명성왕

고구려를 세우고 왕이 된 고주몽은 먼저 나라 밖 세력에게 눈을 돌렸다. 가장 눈에 거슬리는 세력은 가까이에 살고 있던 말갈[5]족이었다.

"말갈족이 툭하면 고구려 땅을 넘보니, 이들을 공격해 그 부

오녀산성
고구려 첫 도읍지에 쌓은 성이다. 800미터 높이의 오녀산 꼭대기에 궁궐을 세웠던 것으로 짐작된다.

중국 요령성 환인시

락을 차지해야겠다."

이렇게 말하며 말갈족을 힘으로 눌러 버린 주몽은 어느 날 비류수 강에 채소가 떠 내려오는 것을 보았다.

"강에서 채소가 떠 내려오는 것을 보니 강 위쪽에 분명 사람들이 모여 사는 나라가 있음에 틀림없다. 저 위에는 어떤 나라가 있느냐?"

그러자 신하들이 대답했다.

"비류국이라는 나라가 있습니다."

이 말을 듣고 주몽은 사냥하며 그곳을 찾아 올라갔다. 마침내 비류국에 이르렀을 때 그 나라 임금 송양이 나와 주몽에게 말했다.

"과인이 바닷가 한구석에 외따로 살았기 때문에 한 번도 귀한 인물을 만난 적이 없는데, 오늘 이렇게 우연히 만나게 되었으니 다행스런 일이 아니겠소. 그러나 과인은 그대가 어디서 왔는지 알지 못하고 있소이다."

그러자 주몽이 대답했다.

"나는 졸본에 도읍을 정하고 고구려를 세운 천제의 자손이오."

송양이 다시 말했다.

"우리 가문은 오랫동안 왕 노릇을 했고 또한 이곳은 땅이 비좁아 두 임금이 함께 지낼 수 없소. 그대가 도읍을 정한 지 얼마 되지 않았으니 나의 신하국이 되는 것이 어떠하겠소?"

그러자 주몽이 버럭 화를 냈다.

무용총 수렵도

말 탄 사람들이 활을 쏘며 사냥하는 모습이 실감 나게 표현되어 있다. 고구려 사람들은 어려서부터 활쏘기를 익혔다.

중국 길림성 집안시

"그게 무슨 소리요? 나는 천제의 자손인데 어찌 내가 그대의 신하가 되겠는가?"

이렇게 호통친 주몽은 송양에게 한 가지 제안을 했다.

"예부터 하늘은 큰 인물에게 활을 쏘는 능력을 주었으니, 우리가 활쏘기 대결을 벌여 이긴 사람이 나라를 가지는 것이 어떻겠소?"

송양도 이에 지지 않았다.

"좋소. 여봐라, 활쏘기 대결을 준비하도록 하라."

그러나 송양은 주몽의 상대가 될 수 없었다. 주몽은 놀라운 솜씨로 활쏘기 대결에서 이기고 난 뒤 비류국을 차지했다.

《삼국사기》에는 이렇게 주몽이 활쏘기 대결을 벌여 비류국을 차지했다고 쓰여 있지만, 아마도 군사를 이끌고 가서 힘을 보여 주며 비류국을 빼앗은 듯하다. 비류국의 왕 송양은 주몽이 찾아온 다음 해에야 항복하는데, 여기에서 주몽이 전쟁을 벌여 비류국을 차지했다는 것을 짐작할 수 있다.

비류국을 차지한 주몽은 이렇게 말했다.

"앞으로 이곳을 '다물'이라고 하라. 또한 송양을 이곳 왕으로 임명하노니, 고구려를 섬기며 잘 다스리도록 하라."

'다물'은 고구려 말로 '옛 땅을 되찾다.'라는 뜻이다. 옛 땅이란 아마도 고조선 땅을 말하는 것으로 짐작되는데, 이때부터 고구려는 사방으로 영토를 넓혀 간다.

주몽은 기원전 34년 7월에 졸본성을 지어 나라를 더 튼튼하게 만든 다음 영토를 넓히기 위해 전쟁을 계속했다. 그러다가 기원전 32년 10월에 오이와 부분노를 불러서 말했다.

"너희는 지금 군사를 이끌고 가서 해인국을 점령하도록 하라."

해인국은 태백산 동남쪽에 있는 나라였다. 주몽은 해인국을 차지한 뒤 부위염을 불러 말했다.

"너는 북옥저를 공격해 점령하도록 하라."

이때가 기원전 28년인데 비류국에 이어 해인국, 북옥저까지 차지한 고구려는 비로소 당시의 강한 나라인 동부여와 맞먹게 되었다.

이처럼 영토를 넓히며 고구려를 크고 강한 나라로 만들던 주몽은 기원전 24년 8월 슬픈 소식을 듣게 되었다.

"동부여에 계신 태후께서 돌아가셨다고 합니다."

"뭣이? 어머니가 돌아가시다니!"

태후란 왕의 어머니를 이르는 것으로 주몽의 어머니인 유화

고구려사 이야기

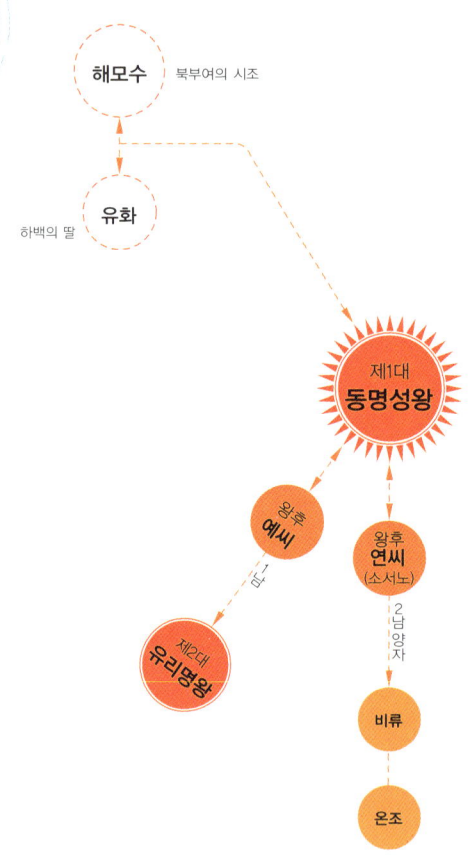

부인이 세상을 떠났다는 소식이었다.

"동부여의 금와왕은 태후의 예를 갖춰 성대한 장례식을 치렀다고 합니다."

"그래? 고마운 일이로다. 동부여에 선물을 보내고 감사의 인사를 전하도록 하라."

동명성왕릉

고구려의 시조인 동명성왕의 무덤이라고 주장하는 평양의 무덤 전경이다. 그러나 고구려 초기의 중심 무대가 졸본 지역인 것을 감안하면 이것을 동명성왕의 무덤으로 보기는 힘들다.

평안남도 평양시

    이는 동부여의 금와왕이 주몽이나 고구려에 대해 좋은 감정을 가지고 있었다는 것을 말해 준다. 하지만 금와왕의 아들 대소가 왕이 되면서 동부여의 태도는 달라진다.

    대소가 동부여의 왕이 된 뒤 고구려와 동부여 사이에는 전쟁의 기운이 싹트기 시작한다. 이런 가운데 주몽은 기원전 19년 40세 나이로 세상을 떠났다.

    그의 왕릉은 졸본 가까이에 마련되었는데, 졸본의 정확한 위치는 지금으로서는 알 수 없다. 주몽이 세상을 떠나자 고구려에서는 그를 '동명성왕'이라 부르며 높이 받들었다. '동명성왕'은 '동방을 밝힌 성스러운 임금'이라는 뜻이다.

고구려사 깊이 읽기

고구려는 무슨 뜻일까?

'고구려'라는 나라 이름은 '고(高)'와 '구려(句麗)'가 합해져 만들어졌습니다. 여기서 '고'는 '위대한' 또는 '숭고한'이라는 뜻입니다.

그렇다면 구려는 무엇일까요?

구려는 주몽이 고구려를 세우기 전부터 있던 나라였습니다. 구려의 다른 이름은 졸본부여인데, 주몽은 졸본부여의 다섯 부족 가운데 하나를 이끌고 있던 연타취발의 사위였어요. 연타취발은 아들이 없었기 때문에 주몽에게 자신의 자리를 물려주었습니다. 그 덕분에 주몽은 다섯 부족을 아우르고 좀 더 큰 나라를 세워 고구려라고 부르게 되었지요.

주몽은 원래 해모수의 아들이기 때문에 해씨 성을 썼습니다. 그러나 고구려를 세운 뒤에는 고씨 성으로 바꾸었지요.

그런데 '구려'는 어떤 뜻일까요? 구려는 원래 정확한 발음이 아닙니다. 단지 고구려 말을 한자로 쓰면서 생겨난 단어이지요. 이런 단어를 전문 용어로 '가차어'라고 합니다. 가차어는 뜻은 없고 소리만 빌려 쓴 말을 가리키지요. 이를테면 영국, 독일, 미국 등의 나라 이름은 모두 가차어입니다.

영국은 잉글랜드, 독일은 도이칠란트, 미국은 아메리카를 한자로 쓰면서 생긴 이름입니다. 구려도 이들 나라처럼 한자로 쓰면서 생긴 이름일 뿐, 한자 자체의 뜻은 없습니다.

구려가 어떤 고구려 말을 한자로 쓴 것인지는 분명하게 밝혀지지 않습니다. 하지만 많은 학자들은 구려가 '골'이라는 말에서 나왔다고 주장합니다. 골은 '골짜기'에서 비롯된 말로, 여기서 유래한 단어가 고을입니다. 다시 말해 구려는 고을이나 마을을 가리키는 단어이지요.

고을이 여럿 합쳐지면 나라가 됩니다. 그러니까 고구려라는 나라 이름을 풀이해 보면 '위대한 마을' 또는 '위대한 나라'가 되지요.

옛날 중국이나 한국 사료를 보면 고구려를 '고려'라고 적은 경우도 많습니다. 고려라는 이름도 고구려에서 나왔다는 뜻이지요.

그렇다면 지금 우리나라의 영어식 표기인 Korea도 고구려에서 비롯됐다는 말이 됩니다. 코리아는 원래 고려를 가리키는 단어이고, 고려가 고구려에서 비롯됐다면 코리아 역시 고구려에서 비롯됐다고 봐야 한다는 뜻이지요.

제2대 유리명왕실록

두 아들을 죽게 한 유리명왕

부러진 칼을 들고 아버지를 찾아온 유리

주몽이 동부여에서 도망칠 때 그에게는 부인이 있었다. 그때 주몽의 부인 예씨는 뱃속에 아이를 가지고 있었다.

주몽은 동부여를 떠나면서 부인에게 말했다.

"부인, 지금 내가 몸을 피하지만 결코 나의 자식을 잊지 않을 것이오. 칠각형 돌 위에 있는 소나무 밑에 유물을 숨겨 놓았소. 당신이 아들을 낳으면 그 유물을 찾게 하시오. 만약 유물을 찾아 가지고 오면 내 아들임을 알 것이오."

주몽이 동부여를 떠난 뒤 예씨는 아들을 낳았다. 예씨는 아들 이름을 '유리'라고 지었다.

"유리는 아버지도 없는 자식이래요."

유리명왕시대의 세계 약사

중국은 전한 말기와 왕망의 신나라 시대에 해당한다. 외척 왕망이 한의 정권을 쥐고 나랏일을 좌지우지하다가 한을 멸망시키고 신(新)을 세웠다. 왕망은 동방과 북방으로 나아가려는 정책을 펴며 흉노를 무찌르는 등 성공을 거두는 듯하다가 내부의 한계와 고구려의 반격에 밀려 뜻을 이루지 못했다.
서양의 로마에서는 아우구스투스 황제가 세상을 떠나고 티베리우스 황제가 즉위해 노예 해방령을 선포했다. 또한 게르만족이 밀려들어 로마의 변방을 압박했다.

유리는 자라면서 이런 놀림을 받았다.

한번은 소년이 된 유리가 참새를 잡으려다 실수로 물 긷는 아낙의 물동이를 깨뜨렸다. 그러자 아낙이 말했다.

"아비 없이 자란 자식이라 돼먹지 못했구나."

이 말을 들은 유리는 풀이 죽은 채 집으로 돌아와 어머니 예씨에게 물었다.

"어머니, 아버지는 왜 저를 두고 가셨을까요? 아버지가 원망스러워요."

예씨는 유리의 머리를 쓰다듬으며 말했다.

"유리야, 네 아버지는 아주 훌륭한 분이다. 하지만 나라에서는 재주가 뛰어난 네 아버지를 가만두려 하지 않았지. 그래서 몸을 피하신 거란다."

"아버지는 지금 어디에 계시나요?"

"네 아버지는 남쪽으로 가서 나라를 세우셨단다. 그리고 떠나실 때 칠각형 돌 위에 있는 소나무 밑에 유물을 숨겨 놓으셨단다. 네가 그 유물을 찾으면 아버지에게 가도 좋다."

유리는 그날부터 산을 헤매며 주몽이 남긴 유물을 찾아다녔다. 하지만 주변에 있는 산 어디에서도 칠각형 돌을 찾지 못하자 몹시 실망했다.

하지만 유리는 포기하지 않고 낮이면 모든 산을 뒤지며 칠각형 돌과 소나무를 찾아다녔다.

그러던 어느 날이었다. 그날도 유리는 산을 헤매다가 지친 몸으로 집에 돌아와 마루에 털썩 앉았다. 그런데 그 순간 이상

한 소리가 들렸다. 마치 바위 틈새에 끼인 쇳조각이 내는 소리 같았다. 유리는 몇 번이나 같은 동작으로 마루에 힘껏 앉아 보았다. 그랬더니 그때마다 이상한 소리가 들렸다.

"도대체 이게 무슨 소리일까? 어디에서 나는 소리일까?"

유리는 마루에 주저앉는 동작을 되풀이하며 이상한 소리가 나는 곳을 찾았다. 그 소리는 바로 기둥과 주춧돌 사이에서 들려왔다. 유리는 주춧돌을 자세히 살펴보았다.

"아니, 칠각형이잖아!"

유리가 그토록 찾아 헤매던 칠각형 돌은 바로 집에 있는 주춧돌이었다. 유리는 얼른 주춧돌 위에 우뚝 선 기둥 밑을 살펴보았다. 거기에는 부러진 칼 조각이 있었다. 주몽이 자신의 칼을 동강 내 숨겨 둔 것이었다.

유리가 아버지 유물을 찾아냈을 때는 이미 많은 세월이 흐른 뒤였다. 할머니 유화는 이미 세상을 떠났고, 알게 모르게 예씨 모자를 보살펴 주던 금와왕도 눈을 감기 직전이었다. 그래서 금와왕의 맏아들 대소가 동부여의 왕 노릇을 하고 있었다.

대소가 왕이 되면 유리의 목숨도 안전할 수 없었다.

"어머니, 이 나라를 떠나 아버지를 찾아가도록 해요."

"그렇게 하자꾸나."

유리는 예씨와 의논해 기원전 19년 4월 고구려로 도망갔다. 그리고 곧장 주몽 앞에 나아갔다.

"아버지, 저는 아버지의 아들 유리입니다."

그러자 주몽이 말했다.

"나는 내 아들에게 유물을 남겨 주었다. 너는 그것을 가지고 왔느냐?"

주몽의 말이 끝나기 무섭게 유리는 품속에서 부러진 칼 조각을 꺼냈다. 주몽은 칼 조각을 보자마자 자신의 부러진 칼을 꺼내 맞춰 보았다. 아귀가 딱 맞았다.

"오오, 내 아들이 틀림없도다. 이리 와서 내게 안기려무나."

주몽은 매우 기뻐하며 유리를 품에 안았다.

이때 주몽은 병이 들어 죽을 날이 얼마 남지 않았다.

주몽은 유리가 고구려에 온 지 얼마 되지 않아 다음과 같이 발표했다.

"유리를 태자로 삼고자 하니 모두 유리를 나와 같이 받들도록 하라."

주몽이 유리에게 왕위를 넘겨준 것이었다. 당시 고구려에는 주몽의 명령을 거스를 세력이 없었기 때문에 유리는 어렵지 않게 태자가 될 수 있었다.

하지만 고구려에는 소서노가 낳은 왕자들이 이미 있었다. 바로 비류와 온조였다.

"어머니, 유리가 태자가 되었으니 이제 우리는 이곳을 떠나야 하지 않겠습니까?"

"그래, 남쪽으로 내려가도록 하자."

비류와 온조는 어머니 소서노와 함께 남쪽으로 떠났다. 이때 신하 열 명과 적지 않은 백성들도 이들을 따라 나섰다. 온조와 비류는 남쪽에서 백제를 세웠다.

1. 유리명왕 (?~18)

고구려 제2대 왕(재위 기간 기원전 19~서기 18)으로 동명성왕의 맏아들이다. 동명성왕이 고구려를 세우기 전 동부여에 있을 때 낳았으며 이름은 유리 또는 유류다.

비류와 온조가 떠난 뒤 기원전 19년 9월 동명성왕이 숨을 거두자 유리가 왕위에 올랐으니, 그가 바로 고구려 제2대 유리명왕¹이다.

왕이 된 유리와 동부여의 침입

유리는 동부여에서 탈출해 고구려 왕이 되었지만 걱정거리가 한둘이 아니었다.

"동부여에서 온 왕자가 왕이 되다니……."

"유리가 왕이 되었으니 우리를 모두 쫓아내지 않을까?"

졸본의 백성과 신하들은 이렇게 말하며 유리를 잘 따르지 않았다. 유리 또한 어느 날 갑자기 고구려에 나타나서 왕이 된 자신을 사람들이 어떻게 보는지 잘 알고 있었다.

'어떻게 해야 사람들이 나를 따를까?'

유리는 곰곰이 생각하다가 힘 있는 가문과 결혼하기로 마음먹었다.

"다물후 송양의 딸을 왕비로 맞이하겠노라."

다물후 송양은 한때 비류국을 다스리던 왕으로, 고구려에 무릎 꿇은 뒤에는 동명성왕의 충실한 신하가 된 인물이었다. 그는 옛 비류국을 다스리고 있었기 때문에 그의 가문과 결혼으로 인연을 맺는 것은 유리에게 큰 힘이 되었다.

'송양 가문만으로는 부족하다. 힘 있는 신하들의 가문과도 인연을 맺어야겠다.'

이렇게 생각한 유리는 고구려를 세우는 데 공을 세운 힘 있는 신하들의 딸도 부인으로 맞아들였다. 이를 통해 자신을 따르는 세력을 많이 만들려고 한 것이다.

여러 가문과 결혼해 힘을 모은 유리가 결정적으로 권력을 움켜쥐게 된 것은 선비족[2]과 치른 전쟁 덕분이었다.

"요수 가까이에 있는 선비족이 툭하면 쳐들어와 백성들의 재산을 빼앗고 괴롭히고 있습니다."

기원전 9년 무렵 이런 소식을 들은 유리왕은 생각에 잠겼다.

'선비족이 국경 가까이에서 설친 것은 어제오늘의 일이 아니다. 선비족은 고구려 땅에 들어와 설치다가 조금만 불리해지면 산속으로 들어가 숨어서 누구도 쉽게 몰아내지 못했다. 이들을 내가 직접 몰아낸다면 사람들은 모두 나를 따를 것이야.'

이렇게 생각한 유리왕은 장군 부분노를 불러들여 말했다.

"선비족 때문에 백성들이 고통스러워하니 이를 그냥 보고 있을 수 없다. 너에게 군사를 줄 테니 선비족을 반드시 몰아내도록 하라."

부분노는 동명성왕과 함께 고구려의 영토를 넓히는 데 큰 공을 세운 인물이었다. 그는 전쟁에 많이 나선 경험을 바탕으로 치밀한 계획을 세워 선비족을 몰아내는 데 성공했다. 선비족과의 전쟁 때 유리왕은 직접 말을 타고 나가 싸워 권위를 세웠다.

이 무렵 고구려는 동부여와도 계속 전쟁을 하고 있었다. 동부여의 왕이 된 대소가 고구려를 미워하며 쳐들어왔기 때문이다. 하지만 동부여는 오랜 전쟁으로 점차 지치기 시작했다.

2. 선비족
만주와 몽골 지방에 살던 유목 민족이다. 중국 북쪽을 자주 쳐들어가 세력을 넓히다가 점차 중국 문화를 받아들이고 북위를 세워 화북지역을 통일했다.

3. 도절
(기원전 17~서기 1)

유리명왕의 맏아들이다. 왕위에 오르지 못하고 일찍 세상을 떠났다.

"주몽이 세운 고구려를 반드시 무너뜨리려 했건만, 지금은 나라가 어려우니 잠시 전쟁을 멈추어야겠다. 여봐라, 고구려에게 전쟁을 멈추자고 해라. 대신 고구려 왕자를 인질로 보내라고 전해라."

대소는 고구려와 전쟁을 멈추는 조건으로 인질을 보내라고 했다. 유리왕은 신하들을 불러 모아 놓고 말했다.

"동부여와 계속 전쟁을 벌이는 것은 버거운 일이니 그들의 요구를 들어주려고 하는데, 그대들의 생각은 어떠하오?"

하지만 신하들이 강하게 반대했다.

"그것은 안 될 일입니다. 동부여에 인질을 보내면 우리가 무릎 꿇는다는 뜻인데, 어찌 그럴 수가 있겠습니까?"

"그렇습니다. 동명성왕께서 고구려를 세우신 뒤로 우리는 그 누구에게도 무릎을 꿇은 적이 없고, 싸움에서 물러난 적도 없습니다. 고구려를 업신여기는 동부여 왕에게 패배의 쓴맛을 보여 줘야 합니다."

인질로 가야 하는 태자 도절[3]도 유리왕의 생각을 따르려 하지 않았다. 도절은 이때 겨우 열두 살밖에 안 된 어린아이였다.

"아바마마, 동부여의 왕은 고구려 사람을 몹시 미워하는데, 저를 죽이지나 않을지 두렵습니다."

이렇게 신하들과 태자 도절이 동부여의 요구에 따르는 것을 반대하자 유리왕도 어쩔 수가 없었다. 결국 유리왕은 대소왕의 요청을 물리쳐야 했다.

"뭣이? 고구려가 내 말을 따르지 않기로 했다고? 이놈들을 가만두어서는 안 되겠구나. 당장 고구려를 공격하도록 하라."

대소왕은 군사 5만 명을 보내 고구려를 공격하게 했다. 다행히 이때는 겨울이라 눈이 많이 내려 동부여 군은 제대로 공격하지도 못하고 돌아가야 했다.

하지만 대소왕은 고구려에 대한 분노를 누그러뜨리지 않고 틈만 나면 군사를 보내 고구려를 공격했다.

유리왕은 계속 쳐들어오는 동부여 군사들이 두려웠다.

'동부여는 확실히 고구려보다 강한 군사를 가지고 있다. 대소는 고구려를 점령하면 분명히 나를 죽이려 들 것이니 전쟁을 멈추어야 해. 그런데 신하들이 동부여와 계속 싸우자고 하니 이를 어찌해야 한단 말인가?'

이렇게 걱정하던 유리왕은 마침내 큰 결심을 하게 되니, 이 때문에 고구려에는 피바람이 불게 된다.

신하와 아들을 죽이다

동부여와 전쟁을 그만두고 왕자를 인질로 보내려는 유리왕을 가장 강하게 반대하고 나선 신하는 탁리와 사비였다.

'탁리와 사비만 없으면 내 마음대로 할 수 있을 것 같단 말이야. 아무래도 두 사람을 없애 버려야겠어.'

이런 생각을 품은 유리왕은 탁리와 사비를 죽이기 위해 아무도 모르게 무서운 계획을 세웠다.

"지금 제사에 쓸 돼지가 도망쳤으니 탁리와 사비는 돼지를 붙잡아 오라."

고구려에서는 들판에서 돼지를 바치며 제사 지내는 풍습이 있었다. 제사를 지낼 때 유리왕은 일부러 돼지를 놓아주고 탁리와 사비로 하여금 이를 잡아 오게 했다.

왕의 명령을 받은 탁리와 사비는 돼지를 잡아 더 이상 도망가지 못하도록 칼로 다리의 힘줄을 끊어 놓았다.

"왕이시여, 돼지를 잡아 왔나이다."

탁리와 사비가 돼지를 잡아 와서 바치자 유리왕은 돼지의 힘줄이 잘린 것을 보고 말했다.

"아니, 어찌 돼지의 다리에 상처가 나 있느냐?"

"돼지가 도망가지 못하도록 힘줄을 끊어 놓았습니다."

그러자 유리왕은 기다렸다는 듯이 화를 냈다.

"뭣이? 하느님께 바칠 돼지에 상처를 내놓다니! 이는 나라의 제사를 망치고 하늘을 노하게 하는 짓이 아니냐?"

"그게 아니오라……."

탁리와 사비는 유리왕이 갑작스레 화를 내자 당황해서 아무 말도 하지 못했다. 유리왕은 더 크게 화를 내며 소리를 질렀다.

"하느님께 드리는 제사를 망치려 한 것은 분명히 나라를 망치고 백성을 고통에 빠뜨리려 한 수작이다. 여봐라, 저놈들을 구덩이에 던져 넣어 죽이도록 하라."

이렇게 탁리와 사비를 죽이는 데 성공한 유리왕은 다시금 동부여와 화친을 맺으려고 했다.

"동부여와 화친을 맺고 전쟁을 멈추려 하니, 모두들 내 뜻에 따르도록 하라."

하지만 이때 열여덟 살의 늠름한 젊은이가 된 태자 도절이 반대하고 나섰다.

"안 됩니다. 동부여는 고구려를 먼저 쳐들어왔을 뿐 아니라 동부여의 왕 대소는 동명성왕을 욕되게 한 인물입니다. 동부여에게 무릎을 꿇는 것은 있을 수 없는 일입니다."

그러자 유리왕이 화를 내며 말했다.

"뭣이? 이제 네가 나를 반대하고 나서느냐? 네가 뭘 안다고 나랏일에 끼어드는 것이냐? 내 뜻을 그냥 따르도록 해라."

"동부여는 믿을 만한 나라가 아닙니다. 그들의 요구대로 제가 인질로 가면 아마도 저를 죽일 것입니다. 그렇게 되느니 차라리 이곳에서 제 손으로 목숨을 끊겠습니다."

도절은 정말로 스스로 목숨을 끊어 버리고 말았다.

일이 이렇게 되자 유리왕은 매우 곤란해졌다. 동부여와 화친을 반대하던 신하들을 죽였을 뿐만 아니라 태자까지 죽게 했으니 백성들의 눈길이 고울 리 없었다.

'백성들이 나를 곱지 않게 보고 있으니 불편해서 견딜 수가 없구나. 어떻게 해야 할까?'

유리왕은 곰곰 생각하다가 도읍을 옮기기로 마음먹었다.

'옳거니! 도읍을 옮겨야겠다. 어차피 졸본 사람들은 처음부터 나를 별로 좋아하지 않았어. 게다가 졸본은 동부여에서 너무 가까우니 늘 위험해. 어서 빨리 도읍을 옮겨야겠어.'

4. 해명
(기원전 12~서기 9)

유리명왕의 둘째 아들이다. 16세의 나이로 태자에 책봉되었다.

유리왕은 3년 10월 졸본에서 국내성의 위나암으로 고구려의 도읍을 옮겼다. 유리왕은 둘째 아들 해명⁴에게 나라를 다스리게 하고 자신은 위나암에 궁궐을 짓고 마음 편히 지냈다.

"위나암으로 오니 나를 거스르는 놈들이 없어서 좋구나. 이제 사냥이나 하면서 즐겁게 지내야겠다."

유리왕은 사냥이나 다니면서 심지어 닷새 동안이나 나랏일을 전혀 돌보지 않았다. 보다 못한 신하들이 유리왕에게 쓴소리를 했다.

"왕이시여, 도읍을 옮긴 지 얼마 되지 않았으니 나랏일을 더욱 힘써 돌보고 백성들을 살펴야 할 것입니다. 지금은 사냥이나 하고 다니실 때가 아닙니다."

이렇게 말한 신하는 동명성왕과 함께 고구려를 세운 협보였다. 그는 동명성왕의 친구이기도 했다.

국내성

유리명왕은 부여의 위협을 막고 나라의 힘을 키우기 위해 도읍을 옮기고 성을 쌓았다. 국내성은 물이 풍부하고 교통도 편리해 수도 역할을 톡톡히 했다.

중국 길림성 집안시

하지만 유리왕은 협보의 말도 듣지 않았다.

"감히 왕에게 훈계나 하려 들다니! 여봐라, 저자의 벼슬을 빼앗고 농장에 보내 관리나 시키도록 하라."

협보는 고구려를 세우는 데 큰 공을 세운 자신을 농장지기로 보내자 큰 수치심을 느꼈다.

"왕이 어찌 나를 이렇게 대할 수 있단 말인가? 더 이상 고구려에 머물 뜻이 없도다."

협보는 그길로 고구려를 떠나 버렸다.

그 뒤 유리왕은 자신에게 도전하는 사람은 누구든지 용서하지 않았다. 자신의 아들에게도 마찬가지였다. 유리왕은 첫째 아들 도절에 이어 둘째 아들 해명까지 죽었다.

도절이 세상을 떠난 뒤 태자가 된 해명은 졸본에 남아 백성들을 다스리고 있었다. 해명은 힘이 세고 용감하며 백성의 마음을 잘 어루만져 주는 인물이었다.

"해명 왕자가 그렇게 힘이 장사라며?"

"어디 힘뿐인가? 호랑이도 때려잡을 만큼 용감하다네."

"해명 왕자 덕분에 졸본 사람들이 편안하게 사는 거야."

졸본 백성은 해명 왕자를 잘 따랐다. 유리왕은 자신을 곱지 않게 보던 졸본 백성이 해명 왕자를 잘 따르자 심술이 났다.

"백성들이 나보다 해명을 더 따르니 이래서야 왕의 권위가 서겠는가?"

이 무렵 해명에게 황룡국 왕이 보낸 사신이 찾아왔다. 황룡국 왕은 힘이 세고 용감하다는 해명을 시험하려고 일부러 단단

한 활을 보내왔다.

"우리 임금께서 해명 왕자에게 선물로 드리는 것입니다. 왕자께서는 힘이 세기로 유명하시더군요."

사신의 말을 듣고 활을 받아 든 해명은 금세 황룡국 왕의 속셈을 눈치 챘다.

'이 활은 보통 사람이 당길 수도 없는 활이다. 황룡국 왕은 나를 시험해 고구려의 체면을 떨어뜨리려고 하는군.'

이렇게 생각한 해명은 단단한 활을 당겨서 아예 부러뜨려 버리고는 말했다.

"내가 힘이 센 것이 아니라 활이 약해 빠졌소. 고구려의 활은 이렇게 약하지 않소."

이 소식을 들은 유리왕은 몹시 불안해졌다.

'해명, 이놈이 이렇게까지 힘을 자랑하다니! 졸본 백성들의 마음을 얻더니 아예 힘으로 나를 꺾어 보겠다는 속셈이 아니냐?'

이렇게 생각한 유리왕은 황룡국 왕에게 사신을 보내 다음과 같이 전했다.

"이웃 나라 왕이 준 선물을 부순 해명은 건방지기 짝이 없으니 몰래 죽여도 내가 아무 말 하지 않겠소."

사실 황룡국은 고구려를 섬기는 작은 나라였기 때문에 유리왕의 말은 곧 해명을 죽이라는 명령과 같았다.

황룡국 왕은 해명을 자기 나라로 불러들여 죽일 생각을 하고 사신을 보내 초청했다. 해명이 이 초청을 받아들이려 하자 신하들이 말렸다.

"황룡국 왕이 아무 이유도 없이 갑자기 만나자고 하니 그 속셈이 의심스럽습니다. 부디 가지 마시옵소서."

그러자 해명이 대답했다.

"하늘이 나를 죽이려고 하지 않는다면 황룡국 왕 따위가 감히 나를 어떻게 할 수 있겠느냐?"

해명은 당당하게 황룡국으로 갔다. 황룡국 왕은 해명의 당당한 태도에 질려 차마 그를 죽이지 못했다.

그러자 유리왕은 자신이 직접 사신을 보내 해명에게 명령을 내렸다.

"내가 도읍을 옮긴 것은 백성들을 안정시켜 국가를 튼튼하게 다지고자 한 것인데, 네가 나를 따르지 않고 힘이 센 것을 믿고 이웃 나라와 원한을 맺었으니, 이것이 자식 된 도리라고 할 수 있겠느냐? 네게 칼을 내리노니 죄를 뉘우치는 마음으로 스스로 목숨을 끊도록 해라."

왕의 명령을 받은 해명은 망설이지 않고 목숨을 끊으려 했다. 그러자 신하들이 이를 말렸다.

"왕의 맏아들이 세상을 떠났으므로 태자께서 왕위를 이어받으실 것입니다. 그런데 지금 왕의 사신이 와서 한마디 한다고 해서 그것이 왕의 진심이라는 것을 어찌 알겠습니까?"

그러자 해명이 말했다.

"왕께서 불효를 나무라시며 내게 칼을 내렸는데 어찌 이를 어기겠소."

고구려사 이야기

제2대 유리명왕 가계도

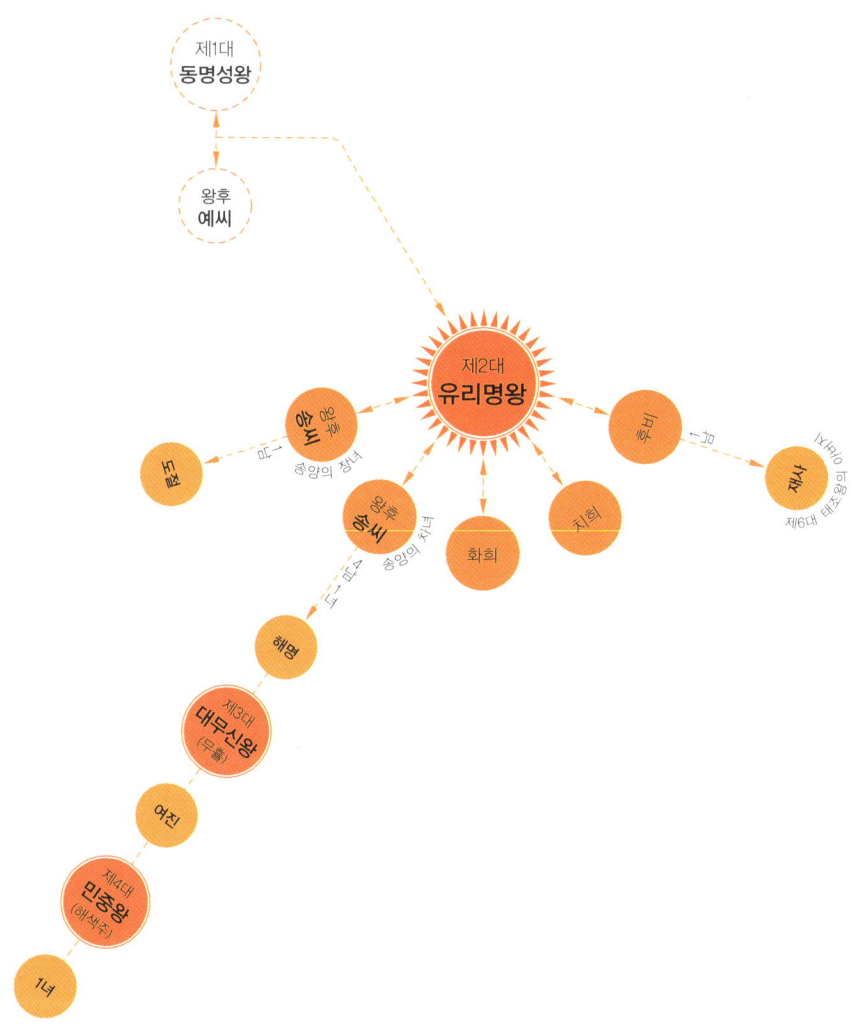

해명은 벌판으로 가서 땅에 창을 꽂아 놓은 뒤, 말을 타고 힘껏 달려 그 창에 스스로 찔려 목숨을 끊었다. 이때 그의 나이 21세였다.

이렇게 아들을 둘이나 죽게 한 유리왕은 얼마 뒤 동부여의 대소왕이 사신을 보내 자신을 섬기지 않으면 고구려를 쳐들어오겠다고 하자 동부여를 섬기겠다는 편지를 보냈다.

그렇다고 해서 나라를 세운 지 얼마 되지도 않은 고구려의 운이 사그라진 것은 아니었다. 12년 유리왕은 고구려에 쳐들어온 한나라를 물리치고 오히려 반격해 한나라의 고구려 현을 차지했다.

이렇게 한나라에 무릎 꿇지 않고 오히려 그 땅을 정복한 것으로 보아서 유리왕이 두려워한 동부여는 한나라보다 강한 나라였던 것 같다. 동부여는 고구려가 한나라와 싸우는 틈을 타서 또다시 쳐들어왔지만, 태자 무휼이 이를 막아 냈다.

그 뒤 유리왕은 말년에 영토 확장 전쟁에 몰두하다가 18년에 세상을 떠났다. 이때 그의 나이는 57세 가량이었다. 《삼국사기》에 기록된 그의 정식 이름은 '유리명왕'이다.

제3대 대무신왕실록

고구려의 힘을 키운 대무신왕

신동 무휼과 부여의 침입

유리왕에게는 여섯 명의 아들이 있었다. 첫째 아들 도절과 둘째 아들 해명이 죽고 나자 왕위에 오른 이는 셋째 아들 무휼이었다.

무휼은 어릴 때부터 영리하기로 이름이 높아 신동이라 불렸다. 어찌나 영리했던지 겨우 여섯 살 나이에 부여 왕이 보낸 사신에게 고구려를 넘보지 말라고 매섭게 충고까지 한 일도 있었다.

때는 9년, 유리왕 28년 8월이었다. 부여 왕 대소가 보낸 사신이 유리왕에게 말했다.

"우리 선왕(금와왕)은 그대의 선왕 동명왕(주몽)과 서로 의좋게 지냈다. 그런데 이제 우리 신하들을 이곳으로 도망 오게 해서 끌어들이는 것은 백성을 늘려 너희 나라를 강하게 하려는 게

대무신왕시대의 세계 약사

중국에서는 왕망의 신이 망하고 후한이 들어섰다. 후한의 광무제는 주변의 약한 나라들을 병합하며 팽창 정책을 폈다. 이에 따라 후한과 선비·흉노·오환의 전쟁이 계속되다가 마침내 후한이 중국의 패권을 갖게 되었다.
서양의 로마에서는 예수의 열두 제자가 곳곳에서 포교 활동을 했다. 그런 가운데 예루살렘에서 스테파노가 첫 순교를 하고 바울이 아테네를 찾아가 포교하기 시작했다.
한편 인도에서는 쿠샨 왕조가 일어나 간다라 문화가 만들어졌다.

아니냐. 나라에는 큰 나라와 작은 나라가 있고, 사람에게는 아이와 어른이 있으니, 아이가 어른을 섬기는 것처럼 작은 나라는 큰 나라를 받들어야 한다. 이제 그대가 예의를 지켜 우리를 섬기고자 한다면 너희 나라의 운명을 보전해 주겠지만, 만약 그렇게 하지 않는다면 너희 운명은 끝날 것이다."

당시 고구려는 주위에 있는 작은 나라들을 합치며 점차 커 가고 있었는데, 부여는 이에 위협을 느꼈다. 그래서 아시아 북방의 강자로서 고구려를 굴복시키려 했다. 부여 사신의 말은 깍듯이 섬기지 않으면 공격하겠다는 협박이었다.

부여 사신의 협박을 듣고 유리왕은 안절부절못했다. 그는 신하들을 불러 모아 놓고 물었다.

"부여 왕이 자기 나라를 섬기지 않으면 우리를 공격할 듯하다. 부여 사신에게 어떻게 대답해야 하겠는가?"

이때 만약 탁리, 사비 같은 신하가 있었다면 부여에 굽히지 말고 싸우자고 했겠지만, 그런 신하들은 유리왕이 이미 죽이거나 쫓아낸 뒤였다. 유리왕은 부여에 맞서자는 신하들이 없자 이렇게 말했다.

"우리가 나라를 세운 지 얼마 되지 않아 백성과 군대가 약하므로 일단 수치스러워도 굴복해야겠다. 그리고 힘을 키워 나중에 일어설 기회를 엿보는 것이 좋겠다."

유리왕은 부여 사신을 통해 대소왕에게 다음과 같이 전했다.

"과인이 바다 한구석에 외따로 살아온 까닭에 미처 예의를 알지 못했습니다. 이제 대왕의 가르침을 받았으니 어찌 그 명령을 따르지 않을 수 있겠습니까?"

이는 수치스런 항복 선언이었다. 이때 여섯 살이었던 무휼이 이런 소식을 전해 듣고 직접 부여 사신을 찾아갔다. 여섯 살 고구려 왕자는 자신을 귀여운 아이로만 보는 부여 사신에게 대뜸 물었다.

"그대의 대왕은 어찌하여 죄 없는 우리나라를 꾸짖었는가?"

부여 사신은 어린아이의 당돌한 말에 기가 막혀 아무 말도 하지 못했다. 무휼은 사신에게 다시 말했다.

"우리 할아버지(주몽)는 하늘의 자손으로 현명하고 재주가 많았다. 그런데 대왕(대소)이 질투하고 모함하는 바람에 말이나 기르는 일을 하면서 지냈다. 더욱이 우리 할아버지를 죽이려 했기 때문에 불안해서 탈출했던 것이다. 대왕은 예전의 잘못을 생각하지도 않고 오직 군사가 많은 것을 믿고 우리나라를 꾸짖고 무시해서야 되겠는가?"

도저히 여섯 살 아이 입에서 나오는 것이라고는 믿기 어려운 말을 한 무휼은 한 술 더 떠서 부여 왕에게 충고의 말까지 전하도록 했다.

"사신은 돌아가서 대왕에게 전하라. '이곳에 알을 쌓아 놓았으니 만약 대왕이 그 알을 무너뜨리지 않는다면 신하와 장수의 예의로 섬길

것이요, 그렇지 않으면 섬기지 못하겠다.'고 말이다."

　물 흐르듯 쏟아 놓는 무휼의 말을 들은 사신은 부여 왕 대소에게 가서 이 말을 그대로 전했다. 하지만 부여 왕은 무휼의 말을 언뜻 이해하지 못했다.

　"쌓아 놓은 알을 무너뜨리지 말라는 것이 도대체 무슨 뜻이냐?"

　하지만 부여의 신하들도 고개를 갸우뚱거리며 선뜻 대답하지 못했다. 부여 왕이 여러 사람에게 무휼의 말을 풀이해 달라고 하자 인생 경험이 많은 노인 하나가 대답했다.

　"알을 쌓아 놓은 사람은 위태로울 것이요, 쌓아 놓은 알을 무너뜨리지 않는 사람은 안전할 것입니다. 왕께서 이루신 일은 알을 차곡차곡 쌓아 올린 것과 같은데, 이를 돌보지 않고 고구려를 건드리는 것은 알을 무너뜨리는 위험한 행동이라는 뜻입니다."

　노인의 말을 들은 부여 왕 대소는 씁쓸하게 웃으며 말했다.

　"그러니까 남의 나라 넘보지 말고 내 나라나 잘 다스리라는 말이렷다. 어린 놈이 수수께끼 같은 말로 나에게 이 따위 충고나 하다니! 건방지고도 무서운 놈이로구나. 나중에 큰 걱정거리가 될지도 모르겠는걸."

　대소의 걱정대로 무휼은 무서운 아이로 커 나갔다. 무휼이 열 살 되던 해에 부여는 또다시 고구려에 쳐들어왔는데, 이때 무휼은 전쟁터에 나아가 이런 꾀를 냈다.

　"부여 군사들은 우리를 얕잡아 보고 있으니 슬며시 도망치는

> **1. 대무신왕** (4~44)
> 고구려 제3대 왕(재위 기간 18~44)으로 유리명왕의 셋째 아들이다. 이름은 무휼이다.

> **2. 신나라** (8~23)
> 중국 한나라 왕실의 외척이었던 왕망이 한나라를 무너뜨리고 세운 왕조다.

척하면 반드시 쫓아올 것이다. 그들을 깊숙한 골짜기까지 끌어들여 공격을 퍼부으면 우리가 이길 수 있다."

고구려 군사들은 무휼의 말을 그대로 따랐다. 그리고 수가 많은 부여 군을 보기 좋게 물리치는 데 성공했다.

이렇게 천재적인 능력을 보여 준 무휼은 11세에 태자가 되어 나랏일을 돌보기 시작했고 유리왕이 세상을 떠나자 15세에 고구려의 왕이 되었으니, 그가 고구려 제3대 대무신왕[1]이다.

대무신왕은 이미 여섯 살 때 부여 왕 대소에게 뛰어난 말솜씨로 대들었는데, 마침내 부여를 먼저 공격해 대소의 목을 베어 버리게 된다.

고구려와 부여의 한판 대결

대무신왕이 왕위에 오를 무렵, 중국에서는 왕망이 세운 신나라[2]가 있었다. 왕망은 한나라 왕실을 무너뜨리고 신나라를 세웠는데, 그즈음 반란이 일어나서 나라꼴이 엉망이었다. 이 틈에 영토를 넓힐 생각을 품은 나라는 북방의 강자, 부여였다.

부여는 중국이 어지러운 때 남쪽으로 영토를 넓히려고 했는데 이를 위해서 먼저 고구려의 무릎을 꿇려야 했다.

20년, 대무신왕 3년에 부여 왕 대소는 고구려에 이상한 까마귀 한 마리를 보냈다. 그 까마귀는 몸통이 두 개인데 머리가 하나였으며 붉은색이었다. 부여 사신은 붉은 까마귀를 고구려에 가지고 와서 이렇게 말했다.

"까마귀는 원래 검은 법인데 붉게 변했고, 머리가 하나인데 몸은 둘이니, 이는 두 나라가 합쳐질 징조다."

이 말을 들은 대무신왕은 속으로 생각했다.

'부여 왕이 고구려를 점령하겠다는 말이군. 붉은 까마귀를 들고 와서 이것이 하늘의 뜻인 것처럼 말해 우리에게 겁을 주려는 수작이다.'

부여 왕의 속셈을 알아차린 대무신왕은 태연한 얼굴로 웃으며 말했다.

"오호, 이 까마귀는 아주 귀한 것이로다. 검은색은 북방의 색이고 붉은색은 남방의 색인데 검은 것이 붉게 변했구나. 이는 북쪽이 남쪽에 합쳐진다는 뜻이 아니냐. 이 귀한 동물을 나에게 보냈으니 두 나라가 어찌 될지 모르겠구나."

부여 왕 대소는 부여가 고구려를 차지한다는 뜻을 전하려 했는데, 대무신왕은 거꾸로 북쪽에 있는 부여가 남쪽에 있는 고구려에 합쳐진다고 한 것이다. 대무신왕은 고구려를 공격하겠다는 부여의 협박에 무릎 꿇지 않고 고구려가 부여를 공격해서 차지해 버리겠다고 대꾸한 것이다.

이 말을 들은 부여 사신은 대무신왕의 당당한 태도에 놀라

아무 말도 하지 못했다. 그리고 부여로 돌아가서 대소왕에게 그의 말을 그대로 전했다.

"뭣이? 고구려 왕이 그렇게 말하다니! 내가 당했구나. 붉은 까마귀를 그런 뜻으로 볼 줄이야……. 내가 괜히 붉은 까마귀를 보냈구나."

부여 왕 대소가 후회하고 있을 때, 대무신왕은 신하들을 불러 모아 말했다.

"너희는 부여 왕이 붉은 까마귀를 보낸 뜻을 알고 있느냐?"

신하들이 대답했다.

"그것은 우리나라를 쳐들어오겠다는 뜻입니다."

"그렇다. 부여는 우리나라에 전쟁을 선언한 것이다. 그래서 나는 우리가 먼저 부여를 공격하는 것이 좋다고 생각하노라."

대무신왕은 부여 왕이 붉은 까마귀를 전해 준 다음 해에 수많은 군사들을 이끌고 부여 공격에 나섰다.

이 소식을 들은 부여 왕 대소는 분노하며 소리쳤다.

"고구려 따위가 감히 먼저 싸움을 걸어오다니. 내가 직접 가서 놈들을 쓸어 버릴 것이다."

대소가 이렇게 말하며 직접 군사를 이끌고 올 때, 대무신왕이 이끄는 고구려 군은 부여 남쪽에 있는 넓은 개펄에 이르렀다. 개펄 주변에는 강이 흐르고 짙은 안개가 끼어 있었다. 이 풍경을 찬찬히 살펴보던 대무신왕이 군사들에게 말했다.

"멈추어라. 더 이상 나아가지 않고 이곳에서 부여 군을 기다린다."

그러자 부하 장수들이 물었다.

"왕이시여, 이곳은 개펄이라 싸우기에 좋지 않습니다."

대무신왕이 대답했다.

"우리는 개펄에 들어가지 않는다. 부여 군을 개펄에 끌어들여서 공격할 것이다. 맞은편에서 달려올 부여 군이 잘 볼 수 있는 자리에 병사 몇 명을 시켜 편하게 누워 있게 하라. 그러면 부여 군은 아무 생각 없이 달려들다가 개펄에 빠질 것이다."

그러고는 장수 괴유에게 말했다. 괴유는 키가 9척에 힘이 엄청나게 세며 무기를 매우 잘 다루는 장수였다.

"괴유야, 너는 군사들을 데리고 숨어 있다가 부여 군이 개펄에 빠지면 재빨리 공격하도록 해라."

고구려 군사 가운데 몇몇은 개펄 앞에 널브러져 쉬는 것처럼 하고 날쌘 병사들은 괴유와 함께 숨어 있었다. 곧 부여 왕 대소가 이끄는 부여 군이 나타났다.

대소는 쉬고 있는 고구려 군사를 보며 말했다.

"흥, 배짱 좋게 쳐들어왔다는 놈들이 저렇게 허술하게 쉬고 있다니 더 볼 것도 없다. 이대로 달려가서 고구려 놈들을 모조리 쓸어 버리자."

대소의 명령대로 부여 군은 빠르게 말을 달리며 앞으로 나아갔다. 하지만 갑자기 부여 군이 탄 말들이 픽픽 쓰러지며 앞으로 나아가지 못했다.

"무슨 일이냐? 왜 달리지 못하는 것이냐?"

당황한 대소가 묻자 군사들이 대답했다.

"개펄입니다. 말의 발목이 개펄에 잠겨 달릴 수가 없습니다."

과연 대소가 주위를 둘러보니 온통 개펄이었다.

"아뿔싸, 안개 때문에 개펄을 보지 못했구나. 큰일이다. 모두 개펄에서 빠져나와 돌아가자."

하지만 이때 괴유가 이끄는 고구려 군대가 부여 군대를 덮쳤다. 괴유는 칼을 휘두르며 소리쳤다.

"저기 부여 왕이 있다. 한 놈도 남기지 말고 모두 죽여라!"

괴유는 곧장 대소에게 달려들어 단칼에 그의 목을 베어 버렸다.

"부여 왕을 죽였다!"

괴유의 벼락같은 소리에 부여 군은 겁에 질려 제대로 싸워 보지도 못하고 전멸했다. 부여 군은 이 개펄에서 1만 명에 가까운 병사를 잃었을 뿐만 아니라 왕의 죽음까지 보아야 했다.

대무신왕은 부여 왕 대소의 목을 벤 괴유를 칭찬했다.

"괴유야, 네가 정말로 큰일을 했다. 내 할아버지와 아버지를 모욕하고 우리나라를 업신여긴 대소의 목을 드디어 베었구나."

하지만 대무신왕은 기쁨에 들떠 있지만은 않았다.

"비록 부여 왕을 죽였지만 아직도 부여 군의 숫자는 우리보다 훨씬 많구나. 아주 힘든 싸움이 될 것이다."

대무신왕의 말대로 부여 군의 숫자는 훨씬 많았다. 왕을 잃은 부여 군은 함부로 나서지 않으면서 고구려 군을 조금씩 조여 왔다.

"무리하게 고구려 군을 먼저 공격할 필요는 없다."

"우리의 숫자가 훨씬 많으니 이렇게 조여 들어가면서 기다리면 고구려 군의 식량이 떨어질 것이다. 그러면 제놈들도 별수 없이 덤벼들 테니 그때 모조리 죽여 버리면 된다."

부여 장수들은 이런 말을 주고받으며 고구려 군의 식량이 떨어지기만을 기다렸다. 부여 장수들의 생각대로 고구려 군의 식량은 점점 떨어졌고 고구려 군사들은 지쳐 쓰러져 갔다.

대무신왕은 이런 상황을 보며 점차 두려움에 휩싸였다.

"이대로 가면 모조리 죽음을 당하겠구나. 부여와 전쟁을 벌인 것은 나의 실수다. 이렇게 힘든 싸움을 하게 될 줄이야……. 내 운명은 여기에서 끝나는 것인가?"

이런 대무신왕을 보며 부하 장수들이 말했다.

"대왕이시여, 일단 여기에서 벗어나야 합니다."

"그렇습니다. 말도 버리고 무기나 솥도 다 버리고 맨몸으로 달아나야 합니다. 그렇지 않으면 모두 이 개펄에서 죽을 것입니다."

"안개가 짙게 낄 때를 이용하면 부여 군이 눈치 채지 못하게 달아날 수 있습니다."

그러자 대무신왕이 말했다.

"그래, 어쩔 수 없다. 이곳에서 벗어나도록 하자. 모든 병사들을 맨몸으로 최대한 빨리 달아나게 하라. 또한 부여 군이 눈치 채지 못하게 허수아비를 만들어 세워 놓고 그 옆에 창과 칼을 꽂아 두도록 하라."

그리하여 고구려 군사들은 짙은 안개 사이로 꽁지 빠지게 달아났다. 다행히 부여 군은 허수아비를 병사들로 착각해 고구려 군사들이 도망가는 것을 알아채지 못했다.

고구려에 돌아온 대무신왕과 군사들은 며칠 동안 굶은 데다 피로가 겹쳐 그 모습이 말이 아니었다. 한마디로 처참하게 진 것이다.

"왕이 괜히 전쟁을 일으켜 애꿎은 젊은이들만 죽게 했다."

"되지도 않을 전쟁을 일으킨 왕이 원망스럽구나."

이렇게 나라 곳곳에서는 대무신왕에 대한 불만이 터져 나왔다. 자칫하면 왕의 권위도 사라질 판이었다.

하지만 대무신왕이 진정으로 현명하다는 것이 이때 증명되었다. 대무신왕은 먼저 자신의 잘못을 반성했다.

"이번에 전쟁을 일으킨 것은 내 잘못이다. 부여를 무리하게 공격하는 게 아니었다. 죽어 간 병사와 백성 앞에 무릎 꿇고 빌겠다."

대무신왕은 죽은 병사의 집을 직접 찾아가 부모를 위로하고 다친 병사들을 찾아다니며 보듬어 주었다. 그리하여 가까스로 백성들의 원망을 누그러뜨릴 수 있었다.

하지만 이 전쟁에서 고구려만 손해를 본 것은 아니었다. 부여의 피해도 만만치 않았다. 부여는 1만 명의 군사를 잃었을 뿐만 아니라 무엇보다도 왕을 잃었다.

부여 왕 대소가 세상을 떠나자 부여에서는 왕위 다툼이 일어나 큰 혼란이 생겼으며, 마침내 대소의 막내 동생은 무리를 이끌고 부여에서 빠져나와 갈사부여[3]를 새로 세웠다. 또한 대소의 사촌 동생 가운데 하나는 1만여 명의 백성을 데리고 고구려에 항복했다.

그 뒤 부여의 힘은 점차 약해져 마침내 북방 최강 국가 자리를 고구려에게 내주게 된다. 대무신왕이 뜻한 대로 역사가 흘러간 셈이다.

3. 갈사부여
22년에 부여 금와왕의 여섯째 아들이 발해만 가까이에 세운 나라다.

잉어 한 마리로 한나라 군대를 물러가게 한 을두지

대무신왕은 부여와의 전쟁에서 비록 졌지만 다시 나라를 안정시키면서 영토 넓히는 일을 멈추지 않았다. 26년 10월에는 개마국을 정복하고 12월에는 구다국을 차지했다. 대무신왕은 이때 직접 전쟁터에 나아가 개마국 왕의 목을 베기도 했다.

4. 광무제 (기원전 6~서기 57)
왕망의 신나라를 무너뜨리고 한나라를 다시 세운 황제(재위 기간 25~57)다. 이 때의 한나라를 '후한'이라고 부른다. 이름은 유수, 한나라 시조 유방의 9대 후손이다.

그런데 이 무렵 중국 땅에서도 큰 변화가 생겼다. 혼란스럽던 왕망의 신나라가 무너지고 한나라가 다시 들어선 것이다. 신나라는 한나라를 무너뜨리고 생긴 나라인데 다시 신나라를 무너뜨리고 들어선 한나라를 흔히 '후한'이라고 부른다. 후한을 세운 황제는 광무제[4], 유수였다.

"요즘 북방에서 고구려가 무섭게 크고 있다는 것이 사실이냐?"

광무제는 영토를 넓히며 커 나가고 있던 고구려를 두려운 눈으로 보고 있었다.

"그러하옵니다. 부여의 힘이 약해지고 고구려가 새롭게 떠오르고 있습니다. 고구려를 가만히 두면 분명히 머지않아 우리에게 도전해 올 것입니다."

"과인의 생각도 그러하다. 고구려가 더 크기 전에 힘으로 눌러야겠다. 요동 태수는 100만 명의 군사를 모아 고구려를 총공격하도록 하라."

이때가 28년 7월이다. 중국 대륙을 차지한 후한의 광무제는 고구려를 가장 두려운 세력으로 보았다. 그래서 100만 명이나 되는 엄청난 군사를 동원해 고구려를 공격하게 한 것이다.

한나라 군대가 쳐들어온다는 소식을 들은 대무신왕은 신하들을 불러 모아 물었다.

"한나라 왕 유수가 고구려를 치기 위해 100만 명의 군사를 보냈다는데 어떻게 해야 하겠는가?"

당시 고구려는 좌보와 우보라는 최고 벼슬을 두고 이 두 사

철기병

안악3호분 행렬도 가운데 철기병의 모습이다. 철기병은 용감한 무사들의 집단으로 상대방에게 위협을 주는 존재였다.

황해남도 안악군 오국리

람이 왕과 더불어 나랏일을 이끌고 있었다.

먼저 우보로 있던 송옥구가 대답했다.

"지금 중국에는 흉년이 들어 도적 떼가 들끓고 있습니다. 이런 때 아무 이유도 없이 한나라 왕이 군사를 일으켰을 리가 없습니다. 아마도 욕심에 사로잡힌 장수 하나가 나선 듯합니다. 이는 하늘의 이치에 어긋나는 부도덕한 행동이기 때문에 반드시 실패할 것입니다. 우리가 험준한 지형에 숨어 있다가 갑자기 공격하면 적을 이길 수 있을 것입니다."

하지만 좌보로 있던 을두지의 생각은 달랐다.

"지금 100만 명의 군사가 쳐들어오고 있는데, 이는 우리 고구려 군사보다 훨씬 많습니다. 아무리 강한 군사라 해도 수가 적으면 결국에는 수가 많은 군사들에게 지게 됩니다. 그들을 계략으로 물리칠 수는 있어도 힘으로 이길 수는 없습니다."

그러자 대무신왕이 물었다.

"계략으로 물리치려면 어떻게 해야 하는가?"

을두지가 대답했다.

"지금 한나라 군사들은 거침없이 달려와서 싸우려 하기 때문에 그들과 정면 대결을 해서는 안 됩니다. 먼저 성문을 닫고 군사를 준비시켜 적군이 피로해지기를 기다린 뒤에 나아가 공격하는 것이 옳습니다."

대무신왕은 부여와의 전쟁에서 무리한 공격은 위험하다는 것을 이미 깨달은 적이 있었다. 그래서 을두지의 의견을 따르기로 했다.

"고구려 놈들이 성문을 걸어 잠그고 싸울 생각을 하지 않습니다."

고구려가 막기만 한다는 말을 들은 한나라 장수는 이렇게 말했다.

"고구려 놈들은 겁이 없고 싸움만 좋아하는 줄 알았더니 상황 판단을 잘하는구나. 흥, 하지만 네놈들이 얼마나 버티나 보자. 고구려의 성은 암석 지대에 있으니 성안에 강이나 샘이 없을 것이다. 한 치의 틈도 없이 성을 둘러싸고 있으면 성안의 물이 바닥나서 어쩔 수 없이 밖으로 나올 것이다."

한나라 군대는 고구려 위나암성을 에워쌌다. 한나라 장수의 생각대로 성안의 물이 바닥나고 있었다.

"물이 바닥나고 있으니 어찌해야 하는가?"

대무신왕은 신하들을 모아 놓고 걱정스럽게 물었다. 그러자 을두지가 대답했다.

"그들은 우리가 암석 지대에 있으므로 성안에 샘이 없다고 생각한 듯합니다. 그렇다면 성안에 샘이 있는 것으로 저들이 생각하도록 만들면 됩니다."

"그들을 속일 방법이 있는가?"

"연못에서 잉어를 잡아다 물풀로 싸서 술과 함께 한나라 장수에게 보내는 것이 좋겠습니다. 그러면서 저들을 달래는 편지를 같이 보내야 합니다. 어차피 저들도 지쳐 있기 때문에 우리가 샘이 있는 것처럼 속이면서 한나라 장수의 체면을 세워 주는 편지까지 보내면 분명히 돌아갈 것입니다."

그리하여 물풀로 싼 잉어 한 마리와 편지가 한나라 장수에게 전해졌다.

'음, 고구려 놈들이 군사를 거두어 달라고 부탁하면서 잉어를 바쳤군. 잉어와 물풀을 보아하니 성안에 샘이 있는 모양이다. 그렇다면 고구려의 물이 마르기 전에 우리 군사들의 식량이 떨어질지도 모르겠군. 이번 전쟁은 여기에서 끝낼 수밖에 없겠다.'

이렇게 생각한 한나라 장수는 100만 군사를 되돌려 스스로 물러갔다. 고구려는 나라를 세운 이래 최대 위기에 빠졌지만, 결국 잉어 한 마리로 적을 속이고 위기에서 벗어났다. 이런 지혜를 발휘한 을두지는 그 뒤에도 고구려의 최고 신하로서 나랏일을 훌륭하게 이끌어 나갔다.

5. 호동 왕자 (?~32)
대무신왕의 둘째 아들이다. 낙랑을 정벌했으나 대무신왕의 첫째 왕비가 모함을 꾸며 스스로 목숨을 끊었다.

낙랑 공주와 호동 왕자

"낙랑국을 언젠가는 정복해야 할 텐데……."
고구려의 영토를 넓혀 가던 대무신왕은 고구려와 한나라 사이에 있는 낙랑국을 늘 눈여겨보았다.

낙랑국은 본래 고조선 땅이었다. 하지만 한나라가 고조선을 무너뜨리면서 한나라를 섬기는 조선 사람들로 하여금 낙랑을 다스리게 했다. 낙랑국은 한나라의 식민지인 셈이었다.

대무신왕의 아들, 호동 왕자도 낙랑국에 큰 관심을 가지고 있었다. 그는 낙랑국에 대해 신하들과 자주 의논하곤 했다.

"낙랑국은 본래 조선 땅이니 우리 민족이 다시 찾아야 할 것이다. 좋은 방법이 없을까?"

"낙랑국에는 적이 쳐들어오면 저절로 울리는 북과 나팔이 있어 정복하기가 참으로 어렵습니다."

"저절로 울리는 북과 나팔만 없애면 우리가 낙랑국을 정복할 수 있을까?"

"그렇게만 된다면 어렵지 않게 낙랑국을 차지할 수 있을 것입니다."

하지만 북과 나팔을 없앨 방법이 없었다. 낙랑의 북과 나팔을 부숴 버리기 위해 군사들을 몰래 보내면 북과 나팔이 저절로 울리곤 했다. 낙랑 사람이 직접 그것을 없애 버리는 수밖에 없었다.

'만약 낙랑의 공주를 아내로 삼을 수 있다면 그녀에게 북과 나팔을 없애 버리게 하면 되지 않을까?'

호동 왕자가 생각해 낸 방법은 낙랑의 공주와 결혼한 뒤 공주로 하여금 북과 나팔을 없애게 하는 것이었다.

호동 왕자는 마침내 낙랑 가까이에 있는 옥저를 여행하다가 낙랑 왕 최리를 만났다. 낙랑 왕 최리는 귀한 옷을 입고 얼굴에서 빛이 나는 호동 왕자를 보자 크게 관심을 가지며 물었다.

해 모양의 북

고구려 수산리 고분에 있는 북 그림이다. 북은 하늘의 소리를 전해주는 신성물로 여겨졌으며, 국가의 위엄과도 관계가 있었다.

평안남도 남포시 수산리

"그대의 얼굴을 보니 보통 사람은 아니구려. 그대는 북국 신왕(대무신왕)의 아들이 아니오?"

"그렇습니다. 저는 고구려의 왕자, 호동이라 합니다."

낙랑 왕 최리는 호동을 보자 사위로 삼고 싶어졌다. 북방의 강한 나라로 떠오르는 고구려와 사돈을 맺는 것도 좋을 듯싶었기 때문이다.

"나에게 아름다운 딸이 있는데, 그대 마음에 든다면 내 딸을 주고 싶구먼."

호동 왕자가 기다렸다는 듯이 대답했다.

"왕께서 저를 좋게 봐주시어 그런 영광을 누리게 해 주시니 감사하기 이를 데 없습니다."

그리하여 호동 왕자는 낙랑 공주와 결혼하게 되었다. 호동 왕자는 고구려로 돌아와서 결혼하기로 한 낙랑 공주에게 몰래 사신을 보내 이렇게 말했다.

"낙랑과 고구려는 본래 같은 민족이니 하나의 나라로 합치는 것이 옳을 것이오. 하지만 낙랑에는 저절로 울리는 북과 나팔이 있어 어찌하기가 힘들다오. 당신이 낙랑의 북과 나팔을 없애 버리기를 바라오. 그렇게 되지 않는다면 당신을 아내로 맞아들일 수 없을 것이오."

이 말을 듣고 낙랑 공주는 무기고에 몰래 들어가 낙랑의 북과 나팔을 없애 버렸다. 그리하여 낙랑의 군사들은 고구려 군이 쳐들어오는 것을 알지 못했고 마침내 고구려는 낙랑을 정복할 수 있었다.

낙랑 공주는 왜 자기 나라의 북과 나팔을 스스로 없앴을까? 호동 왕자에게 반해서 나라를 배반한 걸까? 아쉽게도 낙랑 공주에 대해서는 자세히 전해지지 않아 그녀가 왜 그런 행동을 했는지 정확히 알기 어렵다. 하지만 어떤 사람들은 낙랑 공주가 한나라에 반대해 같은 민족인 고구려와 나라를 합쳐야 한다고 생각했을 것이라고 이야기한다.

어쨌든 고구려가 낙랑을 차지한 것은 큰 사건이었다. 이는 고조선을 무너뜨린 뒤 북방에 힘을 미치던 한나라를 고구려가 몰아냈다는 뜻이다. 이처럼 큰일을 이루는 데 결정적인 역할을 한 호동 왕자는 대무신왕의 깊은 사랑을 받았다.

호동 왕자의 억울한 죽음과 고구려의 위기

대무신왕에게는 왕비가 두 명 있었다. 첫째 왕비가 아들을 낳지 못하자 두 번째 왕비를 맞아들였고, 이 두 번째 왕비가 낳은 아들이 바로 호동 왕자였다.

"나에게 아들이 생기니 이렇게 기쁠 수가 없구나. 아이의 이름을 '호동'이라 하라."

대무신왕은 둘째 왕비가 아들을 낳자 매우 기뻐하며 왕자의 이름을 호동(기쁜 아이 또는 좋은 아이라는 뜻)이라고 지었다. 호동은 자라면서 매우 영리한 모습을 보여 고구려에서 뿐만 아니라 다른 나라에도 이름이 알려졌다. 그리하여 낙랑의 왕은 호동을 사위로 맞아들이기까지 한 것이다.

호동이 낙랑 정복을 꿈꾸고 있을 무렵, 마침내 첫째 왕비도 아들을 낳았다. 대무신왕은 그 아이의 이름을 '해우'라고 지었다. 해우는 첫째 왕비의 아들이니만큼 태자가 되어 다음 왕위를 이을 자격을 가지고 있었다.

하지만 호동 왕자가 낙랑을 정복하는 데 큰 공을 세우며 이름을 떨치자 이를 불안하게 지켜보는 사람이 있었다.

'흥, 이러다가 자칫하면 호동이 왕위를 잇겠어. 그러면 안 되지.'

이렇게 생각한 사람은 대무신왕의 첫째 왕비였다. 세상 사람들이 나날이 호동을 우러러보자 자기 아들인 해우가 왕위를 잇지 못할까 봐 불안해진 것이다.

그리하여 첫째 왕비는 있지도 않은 죄를 뒤집어씌워 호동을 죽일 생각을 했다.

그녀는 대무신왕에게 찾아가 말했다.

"호동이 나를 예의 없이 대하며 욕보이려 했습니다."

대무신왕은 깜짝 놀랐다.

"그게 무슨 소리요? 호동이 당신을 품으려 했다는 말이오?"

"그렇습니다. 제가 비록 친어미는 아니지만 어미와 같을진대 어찌 이럴 수가 있는지요?"

첫째 왕비는 호동 왕자가 자신을 욕보이려 했다는 끔찍한 거짓말을 한 것이다. 하지만 대무신왕은 이 말을 믿지 않고 오히려 화를 내며 소리쳤다.

"이보시오, 왕비! 아무리 호동이 다른 왕비의 아들이라 하나 그렇게까지 미워해서야 되겠소? 어찌 그런 말도 안 되는 소리를 하는 것이오? 호동이 그럴 애가 아닌 것을 누구보다 내가 잘 아오."

왕이 자신을 믿지 않자 첫째 왕비는 두려움에 빠졌다. 왕자의 죄를 거짓으로 지어낸 것이 들통 나면 왕비라 할지라도 큰 벌을 받을 수밖에 없었다. 그래서 그녀는 눈물을 펑펑 흘리며 대무신왕의 옷자락을 잡고 말했다.

"어찌 제가 그런 거짓말을 지어내겠습니까? 만약 거짓이라면 제가 스스로 목숨을 끊겠습니다. 제발 제 말을 믿어 주세요. 저는 억울하고 원통해서 살 수가 없습니다."

첫째 왕비가 이렇게까지 말하자 대무신왕도 어쩔 수 없이 호동을 의심했다.

"알겠소. 내가 호동에게 따끔한 벌을 내릴 테니 그만 눈물을 거두시오."

이 소식은 곧 호동 왕자에게 전해졌다. 그러자 호동 주위에 있던 신하가 말했다.

"왕비가 거짓말을 지어냈다는 것은 세상 사람들이 다 알 것입니다. 왕자께서 직접 나아가 결백을 주장하면 금방 밝혀질 것입니다."

그러나 호동의 생각은 달랐다.

"내가 만일 죄가 없다고 주장한다면 어머니의 죄를 드러내는 것이오. 그러면 대왕께서는 깊은 근심에 사로잡힐 텐데, 어찌 자식 된 자가 그럴 수 있겠소?"

이렇게 말한 호동 왕자는 곧 스스로 목숨을 끊었다. 왕자 시절부터 온 세상에 이름을 떨치던 호동 왕자는 이렇게 어이없이 세상을 떠났다.

한편 고구려가 낙랑을 차지하자 후한의 황제는 길길이 날뛰며 소리쳤다.

"낙랑은 본래 한나라 땅인데 어찌 고구려가 이를 차지한단 말이냐? 당장 고구려에 명령해 낙랑 땅을 우리에게 바치라고 하라."

하지만 대무신왕은 들은 척도 하지 않았다.

"낙랑이 어째서 한나라 땅이란 말인가? 고구려의 힘이 이제 한나라 코앞에까지 미치니까 두려워서 날뛰는 게로구나."

그러자 후한의 황제는 엄청난 군사를 낙랑으로 보냈다. 그리하여 낙랑 땅을 두고 고구려와 한나라는 다시 한 번 대결을 벌였다. 이 싸움에서 낙랑은 결국 한나라가 차지했다.

고구려사 이야기

제3대 대무신왕 가계도

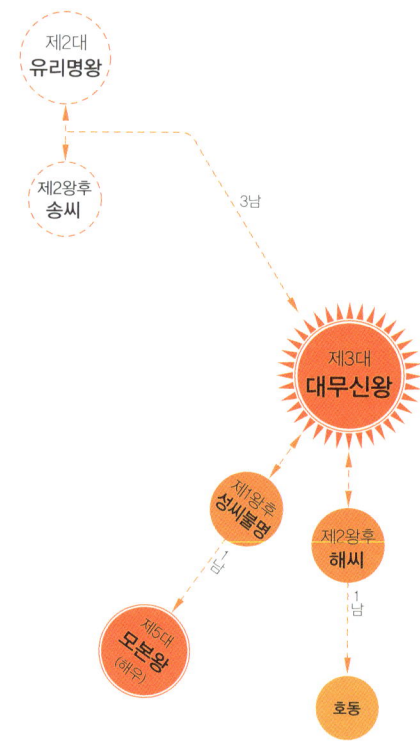

고구려는 낙랑을 차지하자마자 곧 한나라에게 빼앗겼지만 이는 고구려의 단순한 패배가 아니었다. 중국 대륙을 차지하고 가장 강한 나라임을 자랑하던 한나라에 맞서 고구려가 대등하게 힘을 겨루게 되었다는 뜻이기 때문이다.

대무신왕은 고구려의 힘을 크게 키워 놓고 한나라가 쳐들어오던 44년에 세상을 떠났다. 이때 그의 나이는 41세였다.

제4대 민중왕실록

조카를 대신해 왕이 된 민중왕

왕위에 오르는 해색주

호동 왕자가 세상을 떠나자 태자 해우의 자리를 넘볼 수 있는 사람은 없었다. 하지만 대무신왕이 세상을 떠났을 때 왕위를 이을 해우는 너무 어렸다. 그래서 대무신왕에 이어 왕위에 오른 사람은 대무신왕의 동생 해색주였으니, 그가 고구려 제4대 민중왕[1]이다.

민중왕은 조카인 해우를 대신해 왕위에 올랐기 때문에 늘 해우를 눈엣가시처럼 여겼다.

"해우가 자라면 사람들이 날더러 물러나라고 할 것이 아닌가? 저놈을 차라리 죽여 버렸으면 좋겠다."

마침 이 무렵 해우는 어머니마저 잃었기 때문에 그를 보호해 줄 사람이 없었다. 민중왕이 나쁜 마음을 먹으면 언제든지 음

---

1. 민중왕 (?~48)
고구려 제4대 왕(재위 기간 44~48)으로 유리명왕의 다섯째 아들이다. 이름은 해색주다.

모를 꾸며 죽일 수도 있었다. 하지만 함부로 대무신왕의 태자를 죽일 수 없었기 때문에 민중왕은 계속 해우를 죽일 기회만 엿보고 있었다.

그런데 민중왕은 해우를 위협하며 자기 자리를 지킬 궁리만 할 틈이 없었다. 고구려에 계속 어려움이 닥쳤기 때문이다.

"홍수가 크게 나서 백성들이 굶주리며 떠돌아다니고 있습니다."

"뭣이? 나라의 창고를 열어 백성들을 구하도록 하라."

민중왕은 엄청난 홍수 때문에 거지 신세가 된 백성들을 구하느라 진땀을 뺐다.

하지만 어려움은 이것으로 끝나지 않았다.

"겨울인데도 눈이 내리지 않아 물이 모두 말라 버렸습니다."

이번에는 겨울 가뭄이 들어 고구려의 도읍, 위나암 백성들이 죽어 나가기 시작했다.

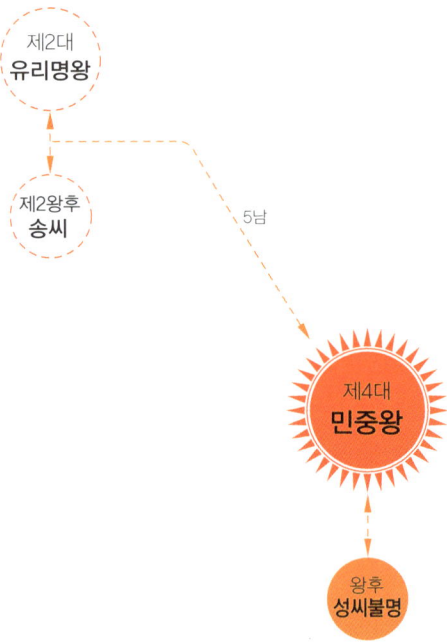

"어찌하여 하늘은 나에게 이런 시련을 안겨 주는가?"

민중왕은 한숨을 쉬며 하늘을 원망하다가 그만 덜컥 병이 들고 말았다. 게다가 자리에 누워서도 민중왕은 슬픈 소식을 들어야 했다.

"잠우락부의 사람들 1만여 호가 한나라로 도망가 버렸습니다."

1만여 호는 곧 1만여 가정을 가리키므로 수만 명의 백성들이 나라를 등지고 떠나 버렸던 것이다.

"나라가 어려우니 백성들마저 나라를 버리는구나."

물론 한나라로 가 버린 백성들은 본래 낙랑 가까이에 살아서 한나라와 가깝게 지내던 이들이었다. 따라서 고구려의 사정이 나빠지면 한나라로 갈 가능성이 많았던 사람들이었다.

하지만 병이 든 민중왕은 어두운 생각에 빠지게 되었다.

"내가 본래 왕이 될 사람이 아닌데, 조카를 대신해 왕이 되고 나니 이런 어려움을 겪는 게 아닌가?"

다음 해에 민중왕은 그만 숨을 거두었다. 왕이 된 지 4년 만의 일이었다.

제5대 모본왕실록

신하에게 살해된 모본왕

점점 포악해지는 모본왕

민중왕은 어려움만 겪다가 일찍 세상을 떠났으니 불행한 일이었지만, 어린 태자 해우에게는 다행스러운 일이었다. 만약 민중왕이 홍수나 가뭄을 겪지 않고 강한 권력을 휘둘렀다면 해우의 목숨은 어떻게 되었을지 알 수 없기 때문이다.

결국 우여곡절 끝에 대무신왕의 태자 해우가 왕이 되었으니, 그가 고구려 제5대 모본왕[1]이다.

스무 살이 채 안 된 나이로 왕위에 오른 모본왕은 의욕적으로 나랏일을 돌보기 시작했다.

"지금은 고구려의 힘을 널리 떨칠 때다. 영토 넓히는 일에 힘을 아끼지 마라."

1. 모본왕 (?~53)
고구려 제5대 왕(재위 기간 48~53)으로 대무신왕의 맏아들이다. 대무신왕에게는 후궁에게서 낳은 호동이 있었으나 《삼국사기》에는 모본왕이 왕위를 이었기 때문에 맏아들로 기록하고 있다. 이름은 해우 또는 해애루다.

모본왕이 이렇게 명령하며 군사를 보내 한나라의 북평, 어양, 상곡(중국 북경 근처), 태원 등을 습격해 빼앗았다. 이곳은 한나라의 도읍인 장안에서 그리 멀지 않았다.

"고구려 군사들이 계속 쳐들어오고 있습니다."

"뭣이? 고구려 놈들을 혼쭐 내서 쫓아내면 될 것이 아니냐?"

"고구려 군사들의 기세가 워낙 드세고 싸움을 잘해 물리치기가 쉽지 않습니다."

모본왕은 이렇게 한나라 황제를 깜짝 놀라게 하며 군사를 계속 보냈다. 한나라 황제는 고구려의 기세에 눌려 급기야 사신을 보내 전쟁을 그만 하자고 했다.

"두 나라가 백성들을 돌보아야 할 때 전쟁을 계속하는 것은 좋지 않으니 그만 평화롭게 지냈으면 합니다."

이 말을 들은 모본왕은 만족스러운 웃음을 지었다.

"한나라 황제가 100만 대군을 보내 우리를 괴롭히던 게 엊그저께 같은데 이제 두려움에 떨며 손을 내미는구나."

그랬다. 이제 고구려는 북방에서 가장 강할 뿐만 아니라 중국 대륙을 지배하던 한나라마저 두려움에 떨게 만드는 나라가 된 것이다. 모본왕은 한나라 황제의 제안을 받아들여 전쟁을 멈추

고구려 무사 벽화

삼실총에 그려진 고구려 무사의 모습이다. 갑옷과 투구를 착용하고 긴 칼로 무장했다.

중국 길림성 집안시

었다. 이로써 고구려와 한나라 사이에는 한동안 평화가 유지되었다.

이 무렵 고구려는 몇 년에 걸쳐 자연재해를 겪었다. 홍수가 나서 20개의 산이 무너지고, 서리와 우박이 심해 농사를 망치기도 했다. 그러자 모본왕은 나라의 곡식 창고를 열어 백성들에게 나누어 주었다.

하지만 몇 년 동안 자연재해가 계속되자 나라 안에는 불안한 기운이 사라지지 않았다. 그러자 모본왕의 생각은 점점 비뚤어지기 시작했다.

'나라가 불안하니 언제 반란을 일으키는 무리가 나올지 알 수 없다.'

모본왕은 조금만 의심이 가는 사람은 가차 없이 죽여 버리곤 했다.

이와 같은 모본왕의 행동에 대해 《삼국사기》에서는 다음과 같이 기록하고 있다.

모본 4년, 왕이 날이 갈수록 포악해져
앉을 때는 사람을 깔고 앉으며, 누울 때는 사람을 베고 누웠다.
만일 사람이 조금만 움직이면 가차 없이 죽였으며, 신하 가운데에서
바른 소리를 하는 자가 있으면 그에게 활을 쏘아 댔다.

모본왕이 점점 포악해지자 신하들의 두려움도 커져 갔다. '두로'라는 신하도 그런 사람 가운데 하나였다.

"왕이 언젠가는 나도 죽이지 않을까 두렵기 그지없구나."

두로는 모본왕이 매우 아끼는 신하였다. 하지만 모본왕은 아끼던 신하일지라도 눈에 거슬리면 곧바로 죽여 버렸기 때문에 두로는 늘 두려움에 떨 수밖에 없었다. 심지어 두로는 너무 두려워서 곧잘 눈물까지 흘렸다.

이런 두로를 보며 어떤 사람이 말했다.

"이보게, 사나이 대장부가 눈물이 웬 말인가? 옛말에 '나를 사랑하면 임금이요, 나를 괴롭히면 원수'라고 했네. 왕이 포악해져 툭하면 사람을 죽이니, 이는 백성의 원수가 된 것이 아니겠는가. 자네는 두려움에 떨지 말고 백성의 원수를 먼저 죽여 버리게나."

이 말을 들은 두로는 고개를 끄덕였다.

"맞아. 내가 왜 죄도 없이 두려움에 빠져 있어야 하지? 차라리 왕을 죽여 버리자."

그리하여 53년, 모본왕 5년 11월에 두로는 칼을 품고 왕을 찾아갔다.

"오, 두로 왔는가? 나의 충성스런 신하여, 가까이 오라."

모본왕은 두로를 정답게 맞이해 주

긴칼

고구려 시대에 사용하던 칼이다. 길이는 76센티미터이며, 칼집에 넣어진 상태로 출토되었다.

76 고구려사 이야기

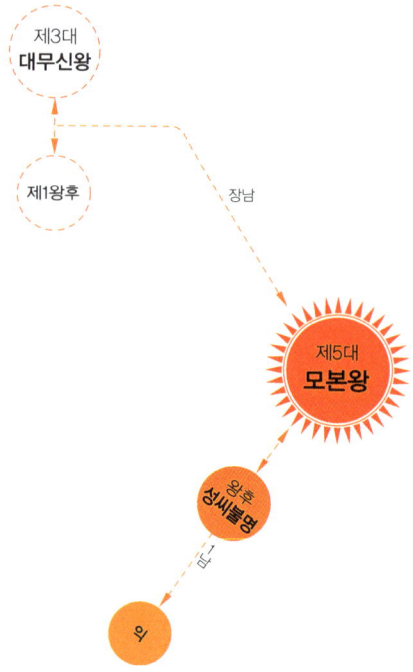

제5대 모본왕 가계도

었다.

"왕께서 나랏일로 걱정이 많은 듯해 찾아왔나이다."

두로는 마음에도 없는 말을 하면서 왕이 빈틈을 보이기를 기다렸다. 마침내 적당한 기회가 오자 두로는 품속에서 칼을 꺼내 모본왕의 목을 찔러 죽였다.

이리하여 백성과 신하들을 두려움에 떨게 하던 모본왕은 비참하게 죽음을 맞이했다. 그 뒤 신하들은 유리명왕의 여섯째 아들에게서 난 궁을 새 왕으로 앉혔다. 왕이 신하의 칼에 찔려 죽었는데도 별다른 혼란이 일어나지 않고 새 왕이 들어선 것을 보면 이미 신하들 대부분은 모본왕에게 등을 돌렸음을 알 수 있다.

그 뒤 고구려는 새 왕과 함께 더욱 강한 모습을 보이며 온 세상에 그 힘을 떨치게 된다.

제6대 태조왕실록

고구려를 최강국으로 만든 태조왕

옛 땅을 되찾기 위해 50년을 준비한 고구려

53년 11월에 모본왕이 신하 두로에게 죽음을 당하자 왕위를 이어받은 사람은 일곱 살의 어린아이, 궁이었다.

궁은 유리명왕의 여섯째 아들에게서 태어났다. 중국의 역사책인 《후한서》[1]에는 궁에 대해 '태어나면서부터 눈을 열어 세상을 꿰뚫어 볼 수 있었다.'라고 쓰여 있다. 중국의 역사책이 다른 민족의 왕에 대해서 이처럼 높이 찬양한 일은 드물다. 이는 궁이 당시 중국 사람들에게 깊은 인상을 남기며 중국 역사를 뒤흔들었다는 뜻이다.

이러한 궁이 고구려 제6대 태조왕[2]이다. 보통 '태조'라는 왕의 이름은 나라를 새로 세운 임금에게 붙인다. 이는 우리 역사

태조왕시대의 세계 약사

중국에서는 동한의 광무제가 세상을 떠나고 아홉 명의 왕이 바뀌었다.
서양의 로마에서는 54년에 네로가 왕위에 올랐다. 그는 64년에 로마 시를 불태우고 그리스도교를 박해하기 시작했다. 68년 로마에 내란이 일어나자 폭군 네로 황제는 스스로 목숨을 끊었다. 그 뒤 로마는 하드리아누스에 의해 안정을 되찾아 안토니우스피우스 황제에 이르렀다.
이 같은 상황에서 그리스도교에 대한 로마의 박해는 더욱 가속화되고 그리스도 인들은 《요한복음》을 비롯한 신약성서를 완성해 갔다.

나 중국 역사에서 흔히 볼 수 있는 건국 시조의 이름이다. '태조'라는 이름을 처음 쓴 임금이 고구려 태조왕이다. 그의 이름을 이후 한민족이나 중국 민족이 건국 시조에게 붙였다는 것은 그만큼 고구려 태조왕이 위대했음을 말해 준다.

하지만 태조왕은 너무 어린 나이에 왕이 되었기 때문에 어머니인 태후 해씨가 나랏일을 대신 맡았다.

그 무렵 고구려에는 '고조선의 옛 영토를 되찾자.'라는 말이 많이 나돌았다. 태후 해씨는 이런 문제로 신하들과 의논하는 자리를 가졌다.

"이 나라가 앞으로 어떤 길을 걸어가야 하는지, 경들은 자유롭게 말해 보도록 하시오."

태후 해씨의 말에 신하들이 대답했다.

"우리는 조선의 후예입니다. 한나라에게 빼앗긴 조선 땅을 되찾는 것이야말로 고구려가 이루어야 할 일입니다."

"그렇습니다. 일찍이 동명성왕께서 비류국을 합치면서 그곳을 '다물도'라고 했던 것도 우리 조상들의 옛 영토를 되찾자는 뜻을 새기기 위해서였습니다."

'다물'은 고구려 말로 '옛 땅을 되찾는다.'라는 뜻이다. 실제로 동명성왕은 고구려의 영토를 넓히면서 처음으로 차지한 비류국을 '다물도'라고 불렀다. 이는 고구려가 처음부터 고조선을 이어받아 그 영토를 되찾고자 하는 목표를 가지고 있었음을 말해 준다.

태후 해씨 또한 신하들의 말에 고개를 끄덕였다.

---

1. **《후한서》**
송나라의 범엽이 지은 책으로 후한 196년 동안의 역사를 기록했다.

2. **태조왕** (47~165)
고구려 제6대 왕(재위 기간 53~146)으로 유리명왕의 여섯째 아들인 재사의 아들이다. 이름은 궁이다.

"그렇다. 동명성왕께서 이 나라를 세우실 때 백두산에 올라 수만 리 땅을 둘러보시며 다짐하셨던 일이다. 이제 그 꿈을 우리가 이루도록 하자. 그러기 위해서 우리는 무엇을 해야 하겠는가?"

신하들이 대답했다.

"우리의 옛 영토를 찾는 데 가장 큰 적은 한나라입니다. 한나라는 이미 우리나라를 누르기 위해 쳐들어온 적이 있습니다. 먼저 한나라의 침략을 막기 위해 성을 쌓아야 할 것입니다."

"그렇지. 공격하기 전에 먼저 방어를 튼튼히 해야겠지. 요서 지역에 성을 쌓아 한나라의 침략에 대비하도록 하라."

55년 2월 요서 지역에 10개 성을 쌓는 일이 시작되었다. 이는 한나라의 침략을 막기 위해서였지만 더욱 큰 목적은 한나라로부터 고조선의 땅을 되찾아 오기 위한 준비였다.

"한나라와 큰 싸움을 벌여 옛 땅을 찾아오기 위해서는 먼저

주변의 작은 적들을 정리해야 합니다."

신하들이 이렇게 말하자 태후 해씨가 물었다.

"주변의 작은 적이라면 어디를 말하는 것인가? 부여인가?"

"부여는 큰 나라이기 때문에 함부로 공격할 상대가 아닙니다. 동쪽의 동옥저 같은 작은 나라들을 고구려에 합쳐 놓아야 한나라와 싸울 때 마음을 놓을 수 있을 것입니다."

"좋은 생각이다. 동옥저 사람들은 본래 우리와 비슷한 사람들이니 그 나라를 합치는 일은 어렵지 않을 것이다. 동옥저를 차지하도록 하라."

태후 해씨의 명령을 받은 고구려 군은 56년 7월 동해 바닷가에 있던 동옥저를 어렵지 않게 무너뜨리고 고구려에 합쳤다.

이처럼 고구려는 고조선의 옛 영토를 되찾기 위해 일을 단계적으로 해 나갔다. 먼저 튼튼한 성을 쌓는 등 한나라의 침략에 대비했다. 그다음에 주변의 작은 나라들을 정복해 한나라와의 한판 대결을 마음 놓고 벌이도록 준비했다. 고구려가 한나라와 큰 싸움을 벌이기 위해 준비하는 데 걸린 시간은 거의 50년이나 되었다.

이런 일을 용감하게 추진한 것으로 보아서 태후 해씨는 아주 적극적이고 힘 있는 지도자였음을 알 수 있다. 태조왕은 이러한 어머니의 기운을 이어받아 '옛 땅을 찾는 일'을 더욱 힘차게 밀고 나갔다.

68년에 태조왕은 갈사부여의 왕에게 말했다.

"갈사부여를 고구려에 합치는 것이 어떠하겠소?"

갈사부여는 부여의 왕자 하나가 부여에서 떨어져 나와 세운 나라였다. 갈사부여는 나라가 생길 때부터 고구려와 가깝게 지냈다. 태조왕의 어머니 태후 해씨 또한 갈사부여 출신이었다.

"부여와 고구려는 본래 한 뿌리이니 이제 나라를 합치겠습니다."

갈사부여의 왕은 태조왕에게 항복했다. 갈사부여와 고구려는 서로 큰 싸움을 벌이지 않았지만 갈사부여 왕실은 고구려의 힘 앞에 무릎을 꿇었던 것이다.

갈사부여까지 정복한 태조왕은 이번엔 중국 대륙으로 눈길을 돌렸다. 그는 72년에 달가 장군을 불러 말했다.

"달가 장군, 이제 남쪽 대륙으로 나아갈 때가 되었소. 장군은 지금 군사를 이끌고 나가 조나를 정복하시오."

조나는 갈사부여의 아래쪽, 지금의 산동 반도 가까이의 바닷가에 있는 나라였다. 달가는 조나를 공격해 그 왕을 사로잡아 이 지역을 차지하는 데 성공했다.

"설유 장군, 이번에는 주나를 합쳐야 할 차례이니 그대에게 이 일을 맡기겠소."

조나를 정복한 태조왕은 72년에 설유를 시켜 주나를 차지했다. 조나와 주나는 모두 지금의 중국 대륙 동쪽 바닷가에 있던 나라였다. 이 두 나라를 차지하면서 고구려는 한나라에 더욱 가까이 다가가게 되었다.

고구려와 한나라의 치열한 대결

고구려가 세력을 키워 가자 가장 먼저 두려움을 느낀 나라는 부여였다.

"고구려가 날로 힘이 강해지니 우리는 어찌해야 하겠는가?"

부여 왕은 신하들을 모아 놓고 이렇게 물었다.

"고구려와 우리가 옛날에 사이가 나빴지만, 두 나라는 본래 같은 조상에게서 나왔습니다. 지금 우리가 먼저 손을 내밀면 고구려가 뿌리치지 않을 것입니다."

"그렇습니다. 고구려는 한나라와 맞설 생각을 하고 있기 때문에 우리를 적으로 두고 싶어 하지 않을 것입니다."

부여 왕은 신하들의 말에 따라 고구려에 화친을 맺자고 요청했다.

"부여가 먼저 손을 내민 것은 우리에게 좋은 일이다. 우리가 비록 지금 부여보다 강하다고는 하나 부여 또한 쉽게 정복할 수 있는 작은 나라가 아니다. 화친을 받아들이도록 하라."

태조왕의 명령에 따라 고구려는 부여와 화친을 맺었다.

이렇게 되자 천하의 강자 자리를 놓고 한나라와 고구려가 겨루는 모양새가 만들어졌다. 한나라 황제는 점점 힘을 키워 가는 고구려를 보면서 두렵기도 하고 괘씸하기도 했다.

"고구려가 작은 나라들을 야금야금 삼키면서 점점 우리 쪽으로 다가오고 있다. 이 나라를 그대로 두어도 좋겠는가?"

분노에 찬 황제의 말에 신하들이 대답했다.

"지금 고구려에서는 옛 땅을 찾자는 운동이 벌어지고 있다고 합니다. 그들이 말하는 '옛 땅'이란 곧 우리나라 땅을 가리키니, 어찌 그냥 두고 볼 수 있겠습니까?"

"고구려가 더 힘을 키우기 전에 짓밟아야 합니다. 나라의 군사를 모두 동원해서라도 고구려를 한시바삐 쳐야 할 것입니다."

한나라 황제도 신하들과 같은 생각을 가지고 이렇게 말했다.

"고구려를 쳐부술 군사들을 당장 준비시키도록 하라."

하지만 고구려 태조왕은 한나라의 움직임을 모두 꿰뚫어 보고 있었다.

"바야흐로 한나라와 대결할 때가 다가왔다. 이럴 때는 먼저 공격하는 자가 유리하다. 한나라의 요동 지역을 먼저 공격하도록 하라. 한나라 황제에게 우리의 옛 땅을 되찾을 것이라고 선언하라."

태조왕의 명령을 받은 고구려 군사들은 무서운 기세로 요동으로 밀어닥쳤다. 이때가 105년 1월이었다.

"옛 땅을 되찾자!"

고구려 군사들은 이렇게 외치며 눈 깜짝할 사이에 요동의 여섯 개 현을 차지했다.

이 소식을 들은 한나라 황제는 화가 머리끝까지 치솟아 소리를 질렀다.

"고구려 놈들이 먼저 공격할 줄이야……. 지금 당장 요동 태수 경기로 하여금 군사를 이끌고 출동하게 하라."

한나라 군대가 몰려오자 태조왕은 명령을 내렸다.

"일단 후퇴하도록 하라. 한나라 군대와 정면으로 맞붙지 말고 그들이 물러가면 또다시 요동을 공격하라."

고구려 군대는 한나라 군대가 몰려오면 뒤로 빠지고 그들이 물러가면 다시 공격하기를 되풀이했다.

"약아빠진 놈들! 요동에 군사를 더 모아 고구려 놈들을 완전히 몰아내도록 하라."

한나라 황제는 약이라도 올리듯이 치고 빠지는 고구려의 전술을 보면서 얼굴이 붉어지도록 화를 냈다. 그리고 요동 지역에 군사를 집중시켰다.

"드디어 원하던 대로 되었다. 한나라 군대는 요동을 지키느라 자리를 뜨지 못할 것이다. 이제 우리는 수군으로 해안 지역을 공격해 차지할 것이다."

태조왕은 요동에서 요란하게 싸움을 벌여 놓고 한나라 군사들이 그곳으로 모이자 바닷가 지역에 수군을 보낸 것이다. 한나라 군대는 대부분 요동에 모여 있었기 때문에 산동 반도가 있는 바닷가 지역에는 군사들이 별로 없었다. 그래서 고구려는 별로 힘을 들이지 않고 산동 반도 부근을 차지할 수 있었다. 이곳에는 드넓은 화북 평원이 펼쳐져 있어서 고구려의 농토가 훨씬 넓어졌다.

"아차, 고구려 놈들에게 속았구나. 놈들이 노린 것은 바닷가 지역이었구나. 고구려 수군에게는 우리 수군이 당할 수 없으니 수군을 보낼 수도 없고, 요동 병사들을 산동 지역에 보내면 요동을 공격당할 것이고, 어찌해야 좋단 말인가?"

금동 신발

고구려 군은 신발 바닥에 날카로운 쇠못을 박아 무기로 썼다.

국립중앙박물관 소장

이렇게 한나라 황제는 동에 번쩍, 서에 번쩍 나타나는 고구려 군대를 앞에 놓고 발을 동동 구를 수밖에 없었다.

또한 당시 한나라 왕실은 권력 다툼에 휩싸여 있어 고구려와 제대로 싸울 정신이 없었다. 반대로 고구려는 태조왕이 무려 93년 넘게 왕위에 머무르면서 나라를 안정되게 이끌었기 때문에 거칠 것 없이 중국 대륙으로 내달릴 수 있었다. 더구나 한나라에는 107년부터 80년 동안 농민 봉기가 끊임없이 일어났으며, 184년에는 황건군[3]이 크게 일어나 나라가 휘청거리기도 했다.

이런 가운데 태조왕은 비로소 오랫동안 품어 온 결심을 행동에 옮기게 된다.

"이제야말로 현도를 되찾을 때다. 조상들의 옛 땅을 찾으러 현도로 달려가자."

태조왕이 말한 현도는 한나라가 고조선을 무너뜨리고 차지

3. 황건군

2세기 말 중국에서 농민들이 큰 반란을 일으켰는데, 이들이 노란 수건(황건)을 쓰고 있어서 황건군이라 불렀다.

한 지역이었다. 호동 왕자가 되찾으려 했던 낙랑국도 현도에 있었다. 현도를 차지하면 고조선의 옛 땅을 대부분 되찾는 셈이었다.

118년 고구려는 마침내 현도를 공격해 화려성을 무너뜨렸다. 고구려 군이 이곳에까지 이르자 한나라 황제는 속이 타 들어갔다.

"고구려 군대가 화려성을 무너뜨렸으니 곧 왕궁으로 쳐들어오겠다는 것이 아니냐? 현도의 고구려 군대를 반드시 무찌르도록 하라."

이리하여 한나라에서는 유주 자사 풍환, 현도 태수 요광, 요동 태수 채풍 등이 군사를 모아 고구려에 맞섰다. 유주, 현도, 요동의 군사들이 다 모였다는 것은 한나라에게 현도가 그만큼 중요했다는 뜻이다.

하지만 한나라 황제는 가슴 아픈 소식을 들어야 했다.

"폐하, 우리 군사 2,000여 명이 죽고 요동 태수 채풍은 간신히 달아났다고 합니다."

"뭣이? 우리 군사를 다 모아 싸워도 고구려를 이길 수 없다는 말이냐?"

그 뒤에도 한나라 황제를 벌벌 떨게 하는 소식은 계속 들려왔다.

"광양, 어양, 우북평, 탁군에서도 우리 군사가 무너졌다고 합니다."

"요동 태수 채풍이 전사했습니다."

"채풍을 호위하던 장군들이 모두 죽고 요동 관리 100명이 죽었다고 합니다."

이런 소식을 들으며 한나라 황제는 자신의 목숨까지 위험하다고 느꼈다.

"이대로 계속 가면 고구려 군대가 나의 왕궁에 쳐들어올 것이 아니냐? 저들을 막을 수 있는 방법이 없느냐?"

하지만 고구려 군대의 기세는 쉽게 꺾을 수 없었다. 고구려는 북방의 선비족과 마한, 예맥까지 끌어들여 연합 작전을 펴고 있었기 때문이다. 고구려를 중심으로 북방 민족들이 뭉쳐서 한나라를 한꺼번에 공격하는 셈이었다.

"이제 현도성을 정복할 때가 다가오고 있다. 현도성을 총공격하라."

태조왕의 명령으로 고구려 군대는 121년 12월 현도성을 공격했다. 이곳만 무너뜨리면 고조선의 옛 땅을 되찾는 것은 물론 한나라를 완전히 제압할 수 있었다. 고구려 군이 현도성을 공격하고 있다는 소식을 들은 한나라 황제는 한숨을 쉬며 말했다.

"도저히 우리 힘으로는 고구려를 당해 낼 수 없구나. 부여에 보낸 사신은 어떻게 되었느냐? 부여가 우리를 도와주기로 했느냐?"

한나라 황제는 고구려의 공격을 막아 낼 수 없다고 생각해 부여에 도움을 요청했다. 한나라 황제의 요청을 받은 부여 왕은 신하들을 모아 놓고 물었다.

"한나라 황제가 도와 달라고 한다. 우리는 지난날 고구려와 화친을 맺었는데, 어찌해야 하겠느냐?"

신하들이 대답했다.

"우리가 고구려와 화친을 맺은 것은 고구려가 강한 힘만 믿고 우리나라에 쳐들어올까 봐 그랬습니다. 지금 고구려가 현도성까지 차지하고 한나라를 제압하면 분명히 우리나라에도 창끝을 돌릴 것입니다. 한나라를 도와주는 것이 곧 고구려로부터 부여를 지키는 길입니다."

왕은 고개를 끄덕였다.

"내 생각도 그러하다. 남쪽에 한나라가 버티고 있어야 고구려가 우리를 넘보지 못할 것이다."

그러고는 왕자 위구태에게 말했다.

"너에게 군사 2만 명을 줄 테니 고구려 군의 뒤를 치도록 해라."

이리하여 고구려 군대는 현도성 정복을 눈앞에 두고 부여 군의 공격을 뒤에서 받게 되었다.

"부여가 뒤통수를 칠 줄이야! 어쩔 수 없다. 현도성 정복은 다음으로 미루자."

부여의 공격을 받은 태조왕은 아쉬워하면서 현도성 정복을 일단 포기했다. 이렇게 해서 고조선의 옛 땅을 완전히 되찾는

데 성공하지 못했다.

하지만 그 뒤로 고구려는 한나라를 완전히 누르고 동아시아에서 가장 강한 나라로 확실히 자리 매김했다.

대륙을 휩쓸고 동아시아의 최강자가 된 고구려

고구려가 무서운 기세로 한나라를 밀어붙이다가 아깝게 현도성 정복에 실패했을 무렵, 태조왕은 병이 나서 드러눕게 되었다. 이때 한나라에서는 태조왕이 세상을 떠난 것으로 알았다.

"고구려 왕이 갑자기 죽어서 고구려가 전쟁을 중단했습니다."

이런 말을 들은 한나라 황제는 신하들에게 물었다.

"고구려 왕이 죽었다는데, 이때 우리가 고구려에 복수할 기회가 아닌가?"

그러자 신하들도 덩달아 떠들었다.

"왕이 죽어서 혼란한 틈에 공격해야 합니다. 고구려 놈들에게 뜨거운 맛을 보여 줘야 합니다."

"지금 고구려를 쳐서 굴복시켜야 다음에 그들이 다시 쳐들어오지 못할 것입니다."

하지만 '진충'이라는 신하는 다르게 말했다.

"적의 슬픔을 틈타서 공격하는 것은 옳지 못합니다. 오히려 사신을 보내 위로하면서 화친을 해야 할 것입니다."

그러자 다른 신하들도 거들었다.

"그렇습니다. 비록 고구려 왕이 죽었다고는 하나 그들의 군사가 약해졌다고는 할 수 없습니다. 우리가 저들의 공격을 막아 내기도 힘들었는데, 저들을 공격하는 것은 더욱 힘들 것입니다."

"제 생각도 그렇습니다. 오히려 벌집을 건드리는 꼴이 되지 않을지 걱정입니다."

그러자 황제는 한숨을 쉬며 말했다.

"고구려가 도대체 언제 이렇게 강해졌단 말인가? 지금 우리는 정녕 고구려에 화친을 맺자고 해야 하는 것인가?"

왕의 말에 신하들이 대답했다.

"지금 우리나라는 고구려를 정벌할 준비가 되어 있지 않습니다. 화친을 맺어 나라를 안정시키는 것이 옳습니다. 고구려를 달래 잡혀간 포로들이라도 돌려받아야 할 것입니다."

한나라 황제는 고구려에 화친을 맺자며 사신을 보냈다. 한나라 사신은 이렇게 말했다.

"더 이상 싸움을 하지 않았으면 합니다. 또한 고구려에 있는 우리나라 사람들을 돌려보내 주시기를 부탁드립니다. 만약 그렇게 해 주시면 한 사람당 비단 48필을 바치겠습니다."

포로를 돌려보내 달라고 하면서 포로 한 명당 비단 48필을 바치겠다고 했으니, 이는 한나라가 고구려에 엎드려 비는 모양새였다.

한나라 사신의 말을 들은 태조왕은 신하들을 불러 모아 물었다.

"한나라가 화친을 맺자고 하니 어찌해야 하겠는가?"

신하들이 대답했다.

"왕께서 편찮으시니 일단 전쟁을 멈추는 것이 좋을 듯합니다."

"비록 옛 땅을 완전히 되찾지 못했으나 넓은 땅을 얻었고 한나라를 제압했으니 화친을 맺어 나라 안을 돌보는 것도 좋을 듯합니다."

태조왕은 고개를 끄덕이며 말했다.

"내가 병이 들지만 않았어도 현도성을 단숨에 되찾을 테지만 일단은 뒷날을 기약해야겠구나. 그러면 우리가 그동안 얻어 낸 것이 무엇인지 말해 보도록 하라."

신하들이 대답했다.

"요서 지역을 완전히 차지했으니 언제든지 남쪽 대륙으로 내

달릴 수 있게 되었습니다. 이제 한나라는 우리를 넘보지 못하고 우리가 한나라를 넘보게 된 것입니다."

또 다른 신하도 대답했다.

"어디 요서 지역뿐이겠습니까? 대륙의 바닷가와 화북 평야를 차지한 것도 빼놓을 수 없습니다. 그동안 고구려 사람들은 험한 산과 추운 땅에 살면서 곡식이 부족해 고생했으나 이제 농사지을 땅이 훨씬 넓어졌으니 곡식이 부족할 일이 없게 되었습니다."

"땅과 곡식도 중요하지만 천하의 대세를 거머쥐었다는 것이 더 중요합니다. 이번에 한나라와 전쟁을 치르면서 선비족과 손을 잡았으니 이는 북방에서 우리가 한나라를 완전히 포위했다는 뜻입니다. 부여는 선비족과 고구려에 둘러싸여 있어 이제 한나라에 드나들며 그들과 친하게 지내기도 어렵게 되었습니다. 이제 고구려는 북방의 주인이자 온 세상의 주인입니다."

신하들의 말에 태조왕은 흐뭇한 표정을 지으며 웃었다.

"내가 선조들 앞에 부끄럽지 않도록 일을 했구나. 이제 온 세상의 주인으로서 너그러움을 베풀어 한나라의 요청을 받아들이고자 한다. 그들이 원하는 대로 전쟁을 멈추고 포로를 보내주도록 하라."

이리하여 고구려는 한나라와 화친을 맺고 전쟁을 멈추었다. 하지만 이는 단순한 화친이 아니었다. 한나라가 고구려에 항복한 것이나 마찬가지였다.

당시 한나라는 권력 다툼으로 정신을 차리지 못했고 이 때문

94　고구려사 이야기

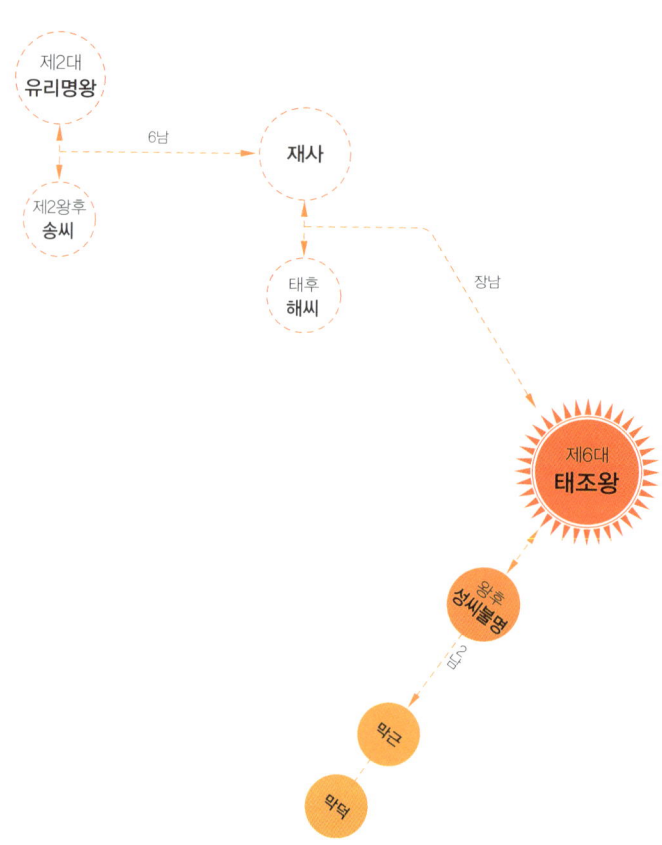

에 고통 받던 농민이 들고일어나 나라가 뒤숭숭했다. 한나라는 이미 기울고 있었으며 실제로 얼마 가지 않아 역사 무대에서 사라지게 된다.

물론 한나라는 기회를 엿보면서 고구려를 공격할 준비를 하기도 했다. 하지만 고구려는 이를 그냥 두지 않고 한나라의 요동 서안평을 공격해 그곳의 최고 관리들을 죽이거나 포로로 붙잡아 왔다. 한나라가 다시 일어설 틈을 주지 않았던 것이다.

태조왕은 이렇게 고구려를 가장 강한 나라로 만들어 놓으며 무려 93년 1개월 동안 왕위에 머무르다 165년 100세가 훨씬 넘은 나이로 세상을 떠났다.

고구려사 깊이 읽기

고구려 역사는 어떤 책을 보고 알 수 있을까?

고구려 역사는 자세히 알 수 없습니다. 고구려 사람이 직접 쓴 역사책이 남아 있지 않기 때문이지요.

정말 고구려는 역사책을 한 권도 남기지 않았을까요?

그렇지 않습니다. 고구려 사람들은 몇 번에 걸쳐 역사를 정리했습니다. 기록에 따르면 고구려는 이미 나라를 세울 때 《유기(留記)》라는 100권짜리 역사책이 있었습니다. 그리고 영양왕 때 태학박사 이문진이 《유기》를 다시 정리해 《신집》이라는 5권짜리 역사책을 만들었지요.

하지만 불행히도 지금 《유기》와 《신집》은 남아 있지 않습니다. 이 책들이 남아 있었다면 고구려 역사를 좀 더 정확하고 생생하게 알아낼 수 있을 텐데 참으로 안타까운 일입니다.

지금 우리가 배우고 있는 고구려 역사는 고려시대 김부식이 쓴 《삼국사기》와 일연이 쓴 《삼국유사》의 내용입니다. 그러나 고구려 역사가 이 두 책에만 기록되어 있지는 않습니다.

고구려는 중국과 교류를 많이 했기 때문에 중국 역사책에도 기록이 남아 있습니다. 한나라 시대 사마천이 쓴 《사기》를 비롯해 반고가 쓴 《한서》, 범엽이 쓴 《후한서》, 진수가 쓴 《삼국지》, 수나라 시절의 역사를 기록한 《수서》, 당나라 역사를 기록한 《구당서》, 《신당서》 등 고구려 왕조가 유지되었던 시대에 중국에 있었던 모든 나라의 기록에서 고구려 역사를 발견할 수 있습니다.

사실 《삼국사기》의 기록 가운데 많은 분량이 중국 역사를 그대로 옮겨 적은 것입니다. 그런데 중국사에는 고구려에 대해 자세히 나오지 않습니다. 기껏해야 전쟁 상황이나 간단한 소개문 정도에 지나지 않지요.

일본에서 가장 오래된 역사책인 《일본고사기》와 《일본서기》에도 고구려에 대한 기록이 나오는데, 아주 짧게 실려 있을 뿐입니다.

지금 우리가 읽고 있는 고구려사는 바로 《삼국사기》와 《삼국유사》, 중국의 여러 역사책, 일본의 역사책에 나오는 기록을 연구해 만든 결과물입니다.

그러나 기록이 많이 남아 있지 않아서 아직까지 고구려에 대해 모르는 것이 아주 많습니다. 만약 광개토왕릉의 비문처럼 돌에 새겨진 고구려 역사가 아주 많이 발견된다면 모를까, 지금으로서는 고구려에 대해 자세히 알기가 매우 어렵습니다.

제7대 차대왕실록

반란으로 왕이 된 폭군 차대왕

차대왕시대의 세계 약사

중국 동한의 제11대 황제인 환제는 어머니 양태후의 수렴청정이 끝나자 외척을 견제하기 위해 환관 세력을 만들어 조정이 혼란으로 치달았다. 선비, 남흉노, 오환 등이 계속 쳐들어오면서 동한은 멸망의 길로 들어서기 시작했다.
서양의 로마에서는 안토니우스 황제가 그리스도교 보호령을 내렸다. 그가 세상을 떠난 뒤에는 마르쿠스 아우렐리우스와 루키우스 베루스 황제가 함께 즉위하는 일이 일어났다. 게르만족이 로마 북쪽 변방을 쳐들어오기 시작했다.

왕위를 탐내는 수성

태조왕의 아버지, 재사는 여러 명의 아내에게서 많은 자식을 얻었다. 그래서 태조왕에게는 동생이 많았는데 이 가운데에서 특히 수성을 아꼈다. 태조왕은 자신보다 스물네 살이나 어린 수성을 자식처럼 돌보아 주었다.

"수성아, 너는 머리가 영리하니 큰일을 할 수 있을 것이다. 나를 도와 나라를 위해 일해 다오."

태조왕은 수성으로 하여금 나랏일을 돕게 했고, 수성은 뛰어난 능력으로 많은 공을 세웠다.

수성이 가장 크게 공을 세운 것은 121년에 있었던 한나라와의 싸움에서였다. 이때 한나라는 유주 자사 풍환, 현도 태수 요광, 요동 태수 채풍 등을 모두 내세워 고구려를 총공격했다.

그러자 태조는 수성을 불러 말했다.

"지금 한나라 군사 수만 명이 공격해 오고 있다는구나. 아마도 우리가 옛 땅을 되찾기 위해 넘어야 하는 가장 큰 고비가 될 것이다. 너에게 이 일을 맡기려 하는데 군사를 얼마나 주어야 하겠느냐?"

그러자 수성이 대답했다.

"저들은 지금 운명을 걸고 우리에게 도전하고 있습니다. 그런 수만 명의 적군과 정면으로 싸우는 것은 어리석은 일입니다. 병사의 숫자가 아니라 영리한 머리로 저들을 물리치려 하니 저에게 군사 2,000명을 주십시오."

태조왕이 놀라며 물었다.

"군사 2,000명이라고? 고작 그 숫자로 10배가 넘는 적을 어찌 이기려 하느냐?"

"저들은 이곳 지리를 잘 알지 못합니다. 저들이 달려오는 길목에 있는 좁은 계곡에서는 한 명이 1만 명을 맞아 싸울 수 있습니다. 적을 좁은 계곡에 끌어들여 무찌르고자 합니다."

"좋은 생각이다만, 아무리 계곡에 갇혀 있는 군사들이라 해도 2,000명이 수만 명의 군사를 베어 죽이기는 힘든 법이다."

"잘 알고 있습니다. 계곡에서는 굳이 그들과 싸우지 않을 것입니다."

"싸우지 않다니?"

"그들을 계곡에 끌어들이면 두려워서 함부로 계곡을 벗어나지 못할 것입니다. 2,000명의 군사로 계곡을 이용해 그들을 붙

1. 고복장 (?~147)
고구려 태조왕 때의 신하로 차대왕에게 죽음을 당했다.

잡고 있을 것입니다. 그리고 그들이 계곡에 갇혀 있는 사이에 요동과 현도로 가서 나머지 군사들을 무찌를 것입니다."

"오호, 좋은 생각이로다. 수만 명이 계곡에 갇혀 있으면 요동과 현도는 텅텅 비어 있을 것이니, 이것이야말로 적의 허점을 찌르는 것이로구나."

수성은 단 2,000명의 군사로 수만 명의 적군을 계곡으로 끌어들여 오갈 데 없이 만든 다음 3,000명의 군사를 이끌고 요동과 현도를 공격했다. 이때 요동과 현도의 한나라 군사들이 거의 죽는 바람에 한나라는 크게 힘을 잃고 요동과 현도를 고구려에 내줄 위기에 몰렸다. 만약 이때 부여 군이 한나라를 돕지 않았다면 요동과 현도는 고구려가 차지했을 것이다.

수성이 이렇게 큰 공을 세울 때 나이가 50세였다. 태조왕은 수성에게 나랏일을 믿고 맡겼다.

"수성아, 내가 이제 늙고 병이 들어 좀 쉬려고 한다. 나를 대신해 네가 나랏일을 맡아보도록 해라."

하지만 이것은 태조왕의 실수였다. 수성은 능력이 뛰어난 만큼 욕심이 많고 건방진 인물이었다. 그는 나랏일을 맡아보면서 신하들의 말을 귀담아듣지 않고 제 마음대로 했다.

이 사실을 안 태조왕은 목도루와 고복장¹을 불러 말했다.

"내가 늙고 병이 들어 수성에게 나라를 맡겼더니, 수성이 혼자서 일을 하려고 하는구나. 너희가 좌보, 우보가 되어 수성을 돕도록 해라."

좌보, 우보는 고구려의 최고 벼슬이다. 태조왕은 목도루와 고복장으로 하여금 수성이 제멋대로 구는 것을 막으려고 했다.

그리하여 수성은 그럭저럭 10년 넘게 태조왕을 대신해 나랏일을 맡아 해 나갔다. 그런데 132년에 수성의 신하들이 이런 말을 했다.

"대군 나으리, 태조왕의 뒤를 이어 왕이 되실 분은 대군 나으리이십니다."

수성이 깜짝 놀라며 물었다.

"그대들은 무슨 이유로 그렇게 말하는가?"

"태조왕께서도 죽은 모본왕의 사촌 동생이 아닙니까? 이는 임금 자리를 동생이 이어 가게 하려고 결정한 일입니다. 그렇지 않다면 대군 나으리의 아버님께서 임금이 되었어야 하지 않겠습니까?"

이 말을 듣고 수성은 가만히 생각에 잠겼다. 그러자 신하들이 다시 말했다.

"지금 왕께서 늙었는데도 왕위를 넘겨줄 마음이 없으니, 대군께서는 대책을 세워야 하지 않겠는지요?"

그러자 수성이 손사래를 치며 대답했다.

"왕위는 맏아들이 잇는 것이 좋다. 지금 왕의 맏아들인 막근 태자[2]가 있는데 내가 어찌 왕위를 넘보겠는가?"

수성은 말은 이렇게 했지만 마음속으로 자신이 왕위를 넘겨받을 것이라고 예전부터 기대하고 있었다. 사실 신하들은 이런 수성의 마음을 잘 알고 그렇게 말한 것이었다. 수성의 욕심을 부채질한 신하들은 미유, 어지류, 양산 등이었다.

2. 막근 태자 (?~148)
태조왕의 맏아들이다. 숙부인 수성대군과의 권력다툼 속에서 비운의 죽음을 맞이했다.

미유는 수성이 왕위를 넘겨받을 생각이 없다고 하자 더욱 강하게 말했다.

"옛날에도 아우가 뛰어나면 형의 뒤를 잇는 일이 많았습니다. 그런데 훌륭하신 분이 단지 맏아들이 아니라는 이유로 왕위를 포기한다면 백성들은 불행해질 것입니다."

수성은 신하들의 말을 들으면서 날로 욕심이 커져 갔다. 능력으로 보나, 세운 공으로 보나 자신이 왕이 되지 못할 이유가 없다고 생각하게 된 것이다.

수성의 반란과 태조왕의 선택

수성이 왕위를 차지할 욕심을 품자 이를 눈치 챈 신하들은 반발하기 시작했다. 특히 좌보로 있던 목도루는 병을 핑계 삼아 벼슬을 내놓았다. 수성과는 함께 나랏일을 하지 않겠다는 뜻이었다.

또한 수성의 동생 백고(제8대 신대왕)는 수성을 찾아가 이렇게 말했다.

"형님, 어찌 위험한 마음을 품고 계시는지요?"

수성이 신경질을 내며 말했다.

"갑자기 무슨 소리를 하는 것이냐?"

그러자 백고는 차분하게 말을 이었다.

"지금 형님은 태조왕 아래 최고 자리에 올라 나랏일을 돌보고 계십니다. 누구보다도 높은 자리에 있으며 훌륭하게 일하셨습니다. 그렇다면 마땅히 충성과 의리를 가지고 욕심을 눌러야 하지 않겠습니까? 위로는 한결같이 태조왕을 섬기고, 아래로는 백성들의 마음을 얻어야 하지 않겠습니까? 어찌하여 더 큰 욕심을 부리려 하십니까?"

'더 큰 욕심'이란 말할 것도 없이 왕이 되는 것을 가리킨다. 백고가 충고하자 수성은 버럭 화를 내며 말했다.

"사람은 누구나 더 높은 자리에 올라 더 많은 것을 얻고 싶어 한다. 하지만 대부분의 사람들은 그렇게 하지 못한다. 내가 지금 세상 사람들이 오를 수 없는 자리에 올라 내 뜻을 더 크게 펼치고자 하는 것이 왜 잘못된 일이란 말이냐?"

이렇듯 수성은 왕위를 차지하고자 하는 욕심을 숨김없이 드러냈다.

태조왕은 비록 늙었지만 수성의 이런 마음을 꿰뚫어 보고 있었다. 그는 142년 9월 가까운 신하들을 불러 말했다.

"내가 어제 이상한 꿈을 꾸었는데, 무슨 뜻인지 모르겠구나."

"무슨 꿈이옵니까?"

"꿈에서 표범 한 마리가 호랑이의 꼬리를 물었다. 그래서 점치는 사람에게 이게 무슨 뜻이냐고 물었더니, 호랑이는 왕이고 표범은 왕족이니 왕족 가운데 하나가 왕위를 노리는 것을 알려 주는 꿈이라는구나. 내가 그 말을 듣고 걱정이 되어 그대들을 불렀다. 내가 어떻게 해야 하겠는가?"

태조왕의 걱정스런 물음에 우보로 있던 고복장이 말했.

"대왕께서 이처럼 나랏일을 걱정하시는데 무슨 일이야 있겠

습니까? 혹시 작은 문제가 생긴다 하더라도 대왕의 덕이 높아 걱정할 만한 일은 되지 못할 것입니다."

태조왕은 고복장의 위로에 마음이 가라앉았지만, 이는 태조왕이 수성의 속마음을 알고 있다는 사실을 알리는 셈이었다.

수성은 조바심이 나서 146년 7월 가까운 신하들을 불러 모아 말했다.

"왕이 늙어서 죽기를 기다렸으나 왕은 죽지 않고 나도 늙어 가고 있다. 더 이상 기다릴 수 없으니 그대들은 나를 위해 큰일 치를 준비를 하라."

수성의 말에 많은 신하들이 찬성했으나 그 가운데 한 명이 반대했다.

"지금 대군께서는 예사롭지 않은 말씀을 하셨는데, 모두 말리지 않고 따르려 하니 이는 아첨을 떠는 것입니다. 제가 한마디 올려도 되겠습니까?"

수성이 대답했다.

"그대가 옳은 말을 한다면 내게 약이 될 텐데, 무엇을 걱정하는가? 어서 말해 보라."

그러자 그 신하가 말했다.

"우리 임금은 천하에 둘도 없이 훌륭하셔서 그 누구도 반란을 일으킬 마음을 품은 자가 없습니다. 그런데 대군께서 아첨하는 무리와 함께 왕을 끌어내리려 하니 이는 어리석기 그지없는 일입니다. 대군께서 생각을 바꾸어 충성과 의리로 왕을 섬기면 왕께서도 대군에게 왕위를 넘기려 하실 것입니다. 그러나 그렇게 하지 않으면 오히려 큰 화를 당할까 걱정됩니다."

이 말을 듣자 수성은 기분이 몹시 상했다.

"터진 입이라고 함부로 말하는구나. 여봐라, 이놈을 끌어내어 목을 베어 버려라."

수성은 신하까지 죽이면서 반란을 준비했다. 이를 눈치 챈 고복장이 서둘러 태조왕을 찾아갔다.

"수성이 반란을 일으키려 하니 그를 처형하소서."

태조왕이 말했다.

"나는 이미 늙었으니 나라에 공을 세운 수성에게 왕위를 주는 것이 옳지 않겠는가. 내가 늙은 몸으로 그를 막으려 하면 어지러운 싸움만 날 것이다. 그러니 그대는 너무 걱정하지 말고 돌아가라."

이 말은 태조가 수성에게 왕위를 넘겨주겠다는 뜻이었다. 하지만 고복장은 강하게 반대했다.

"수성은 잔인하고 어질지 못한 사람입니다. 만약 그가 왕이 되면 마마의 자손들을 해칠 것입니다. 마마께서는 어질지 못한 아우에게 은혜를 베풀고 죄 없는 자손들을 죽게 할 것입니까? 제발 수성을 막아 주십시오."

하지만 태조왕의 선택은 달라지지 않았다. 이미 100세가 된 그는 그해 12월에 수성을 불러 말했다.

> **3. 차대왕** (71~165)
> 고구려 제7대 왕(재위 기간 146~165)으로 유리명왕의 여섯째 아들 재사의 둘째 아들이다. 태조왕의 동생이며 이름은 수성이다.

"내가 이미 늙어 숨 쉬기도 힘들구나. 하늘의 뜻이 이제 너에게 있는 듯하다. 그동안 너는 안으로는 나랏일을 돌보고 밖으로는 군사를 이끌어 공을 쌓았으니 너에게 나라를 맡기려 한다. 이제 왕위에 오르도록 해라."

태조는 이렇게 말하고 별궁에 머무르며 조용히 지냈다. 그리고 수성은 태조왕의 말대로 왕위에 올랐으니, 그가 고구려 제7대 차대왕[3]이다.

폭군을 내쫓은 명림답부

차대왕은 왕위에 오르자 자신을 따르던 신하들의 벼슬과 계급을 높여 주었다. 그 가운데에서도 반란을 부추겼던 미유를 최고 벼슬인 좌보에 임명했다. 그리고 우보로 있던 고복장은 사형에 처하라는 명령을 내렸다.

"고복장을 사형시켜 버려라. 그놈은 내가 반란을 일으킬 것이라며 나를 없애자고 한 놈이다. 괘씸한 놈!"

사형 선고를 받은 고복장은 눈물을 흘리며 말했다.

"슬프고 원통하구나. 태조왕의 신하로서 어찌 반란을 일으키려는 무리를 보고도 말을 하지 않을 수 있었겠는가. 태조왕께서 내 말을 듣지 않아 이 지경이 된 것이 한스럽구나. 수성이 새 왕이 되었으면 마땅히 백성에게 희망을 주어야 하거늘, 정의를 버리고 충신을 죽이려 하는구나. 내가 이런 시대에 사느니 차라리 빨리 죽는 것이 낫지 않겠는가."

고복장은 이렇게 말한 뒤 스스로 목숨을 끊었다.

고복장의 죽음을 시작으로 차대왕은 태조왕 시절의 신하들을 모두 쫓아내 버렸다. 그리고 그 자리에 자신과 함께 반란을 준비하던 무리를 앉혔다. 바야흐로 차대왕의 독재 시대가 시작된 것이다.

그러던 어느 날 차대왕은 비밀스럽게 신하들을 불러 말했다.

"내가 이제 왕이 되었으나 불안한 점이 있다."

"무엇이옵니까?"

"막근 태자가 있으니 나를 밀어내고 막근을 왕으로 세우려는 무리가 계속 나타나지 않을까 걱정된다."

"왕의 걱정거리는 곧 나라의 걱정거리입니다. 막근 태자를 없애고 나라의 걱정을 덜어야 할 것입니다."

차대왕은 음흉한 미소를 지으며 물었다.

"아무래도 그래야 하겠지? 그런데 어떤 이유를 대고 막근을 죽일 수 있을까?"

"이유가 필요 없습니다. 몰래 죽여 버리면 됩니다."

차대왕은 이 말을 듣고 곧 행동에 옮겼다. 몰래 칼잡이를 보내 막근을 죽여 버린 것이다. 세상 사람들은 차대왕이 막근을 죽였다고 생각하면서도 아무도 입 밖으로 말하지 못했다.

막근이 죽었다는 소식을 들은 막근의 동생, 막덕[4]은 땅을 치며 말했다.

"하늘 아래 어찌 이런 일이 있을 수 있단 말인가. 나 또한 얼마 살지 못할 목숨이로다. 비참하게 죽느니 차라리 스스로 목

4. 막덕 (?~148)

태조왕의 둘째 아들이다. 수성에 의해 친형인 막근태자가 죽음을 당하자 자신에게도 화가 미칠 것이라 판단하여 스스로 목숨을 끊었다.

숨을 버리자."

그러고는 스스로 목숨을 끊고 말았다.

자신의 조카인 왕자들을 직접 죽이거나 죽게 한 뒤 차대왕은 날로 포악해져 갔다. 한번은 이런 일도 있었다.

그날 차대왕은 신하들과 더불어 사냥을 즐기고 있었다. 그런데 별안간 흰 여우가 나타나 그를 따라오면서 울부짖었다. 차대왕은 여우에게 활을 쏘았지만 맞히지 못해 화를 내며 옆에 있던 신하에게 물었다.

"흰 여우가 따라다니며 우는 것은 도대체 무슨 징조인가?"

그러자 신하가 대답했다.

"여우는 원래 요사스럽고 불길한 짐승입니다. 더구나 빛깔이 희니 더욱 괴상합니다. 이는 임금으로 하여금 두려워할 줄 알고 반성할 줄 알게 하며 스스로 새롭게 하라는 하늘의 뜻입니다. 만약 임금께서 덕을 쌓으면 불길한 징조도 복된 징조로 바꿀 수 있을 것입니다."

신하의 말은 덕을 길러 좋은 정치를 펼치라는 충고였다. 그러자 차대왕은 불같이 화를 내며 말했다.

"나쁘면 나쁘다 좋으면 좋다 할 것이지, 불길하다고 했다가 다시 복이 된다고 하는 것은 무슨 거짓말이냐? 여봐라, 당장 이놈의 목을 쳐 버려라."

차대왕은 신하를 그 자리에서 죽여 버렸다.

이처럼 차대왕이 점점 포악해지자 신하들은 모두 차대왕이 듣기에 좋은 말만 골라 했다.

149년 5월에는 하늘의 5개 행성이 모두 동쪽에 모이는 신기한 일이 나타났다. 이를 본 차대왕은 하늘과 별을 관측하는 신하를 불러 물었다.

"다섯 개 별이 한곳에 모여 있으니, 어찌 된 일인지 말해 보라."

옛날 사람들은 별을 보고 점을 쳐서 앞날을 내다보기도 했기 때문에 별 5개가 모인 것은 매우 중대한 사건이었다. 차대왕이 묻자 신하는 망설였다. 별 5개가 모인 것은 아주 불길한 징조였으나, 그대로 말했다가는 목이 달아날 것이 뻔했기 때문이다.

그래서 신하는 이렇게 말했다.

"이것은 임금의 덕이 넘쳐서 나라가 평안해지리라는 징조입니다."

그러자 차대왕은 크게 기뻐했다.

이렇듯 신하들이 모두 차대왕의 비위만 맞추려 하고, 차대왕은 눈에 거슬리는 자를 가차 없이 죽여 버렸다.

고구려사 이야기

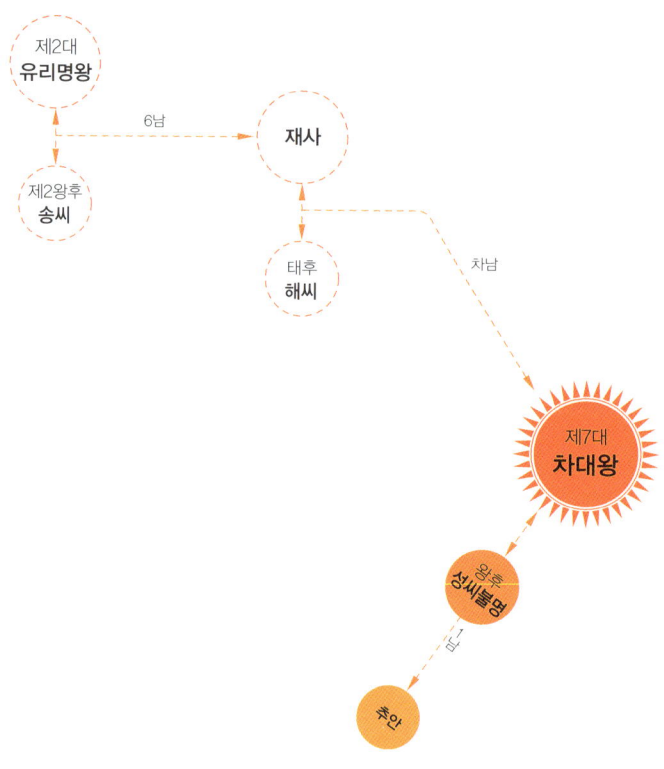

하지만 날로 포악해지는 차대왕을 더 이상 두고 볼 수 없다며 주먹을 불끈 쥐는 사람들이 있었다. 명림답부[5]가 대표적인 사람이었다. 그는 165년 10월에 비밀스럽게 사람들을 불러 모아 말했다.

"왕의 포악한 행동을 더 이상 보고 있을 수만은 없습니다. 이대로 가다가는 백성과 신하들이 살아남지 못할 것이며 나라가 망할 것입니다."

그러자 다른 사람들도 맞장구쳤다.

"그렇습니다. 백성들은 굶주리고 아첨하는 무리만 배부르게 사는 꼴을 더 이상 보고 있을 수 없습니다."

이 모임에는 차대왕을 따르던 신하들도 있었다.

"저는 왕을 따르며 열심히 살아왔습니다. 하지만 언제 말 한마디 잘못해서 목이 달아날지 모르기 때문에 밤에 잠도 제대로 자지 못합니다. 이대로는 살 수 없습니다."

명림답부는 차대왕에 대한 사람들의 분노를 확인한 뒤 이렇게 말했다.

"비록 지금 왕에게 아첨하는 무리들이 날뛰고 있지만 만약 누군가 칼을 들고 나서면 온 백성이 따를 것입니다. 포악한 왕의 목을 베고 세상을 바로잡읍시다."

마침내 명림답부는 군사들을 동원해 차대왕을 기습했다. 이 반란은 단숨에 성공했고 차대왕은 비참하게 목이 떨어져 나갔다.

이로써 폭군 차대왕의 시대는 끝나고 고구려의 운명은 명림답부 무리의 손에 들어가게 되었다.

5. 명림답부 (67~179)

연나부 출신으로 고구려의 국상(국무총리)이었다. 포악한 차대왕을 몰아내고 신대왕을 즉위시켰으며, 후한이 쳐들어오자 지구전으로 물리치는 등 전쟁에서도 큰 공을 세웠다.

제8대 신대왕실록

화합 정치로 고구려를 바로 세운 신대왕

신대왕의 화합 정치와 고구려의 정치 변화

명림답부가 군사를 일으켜 차대왕을 죽일 때 그는 이미 나이가 99세였다. 보통 사람 같으면 죽을 날만 기다리며 조용히 살았을 노년 시기에 그는 나라를 위해 몸을 던진 것이다.

명림답부는 백발을 휘날리며 군사들을 직접 지휘해 폭군을 없애는 데 성공해 단숨에 최고 권력자가 되었다.

하지만 명림답부는 스스로 권력을 휘두를 욕심을 부리지 않았다. 그는 뜻을 함께한 사람들을 모아 놓고 말했다.

"여러분은 이제 누가 이 나라의 임금이 되어야 한다고 생각하십니까?"

사람들이 이리저리 생각하며 침묵을 지키자 그는 단호하게

신대왕시대의 세계 약사

중국 동한에서는 107년 이후 농민 봉기가 계속되고 환관과 외척의 싸움이 치열해져 진번이 환관을 죽이려다 도리어 피살당하는 사건이 일어났다. 또한 선비족의 힘이 강해져 유주와 병주 등 북방이 위협받고 있었다.
서양의 로마에서는 전국에 페스트가 돌고 변방에서는 게르만족이 위협하기 시작했다. 그 가운데 루키우스 베루스 황제가 세상을 떠나고 마르쿠스 아우렐리우스는 독자적인 황제로 남았다.

말했다.

"이 나라에는 태조왕의 동생이 아직 남아 계십니다. 백고 대군이 왕위에 올라야 할 것입니다."

그러자 사람들이 눈을 동그랗게 뜨고 물었다.

"백고 대군은 차대왕이 왕이 된 뒤 산으로 들어가 버려서 살았는지, 죽었는지도 알지 못합니다. 더구나 어디에 있는지도 모르는데 어떻게 왕으로 세울 수 있는지요?"

명림답부가 대답했다.

"왕실에는 정통성이 있어야 합니다. 백고 대군께서 왕이 되어야만 세상 사람들이 옳다고 여길 것입니다. 지금 당장 산에 사람들을 보내 대군을 찾읍시다."

명림답부는 온 산을 샅샅이 뒤져 백고를 찾아내고는 그에게 왕위를 넘겼다.

백고는 왕위에 오르면서 이렇게 말했다.

"이 나라에 명림답부와 같은 충신이 있어 나라와 왕실이 바로잡혔도다. 이제 명림답부를 국상으로 임명하니 나랏일에 힘을 아끼지 말지어다."

'국상'은 오늘날의 국무총리와 비슷하다. 고구려에는 본래 좌보, 우보라는 두 명의 최고 신하가 있었는데, 국상은 좌보와 우보를 하나로 합친 것이었다.

고구려의 나랏일은 이제 국상이 된 명림답부의 손을 거치지 않고서는 어떤 것도 함부로 이루어질 수 없었다. 더구나 명림답부는 군사를 책임지는 병마사 벼슬까지 동시에 가졌기 때문

1. 신대왕 (89~179)

고구려 제8대 왕(재위 기간 165~179)으로 유리명왕의 여섯째 아들인 재사의 셋째 아들이다. 태조왕과 차대왕의 동생이며 이름은 백고 또는 백구다.

에 사실상 왕보다 더 권력이 강했다.

하지만 명림답부는 겸손한 사람으로서 자신의 권력을 함부로 휘두르지 않았다. 그는 신대왕과 함께 다음과 같은 이야기를 나누었다.

"국상, 앞으로 이 나라를 어떻게 이끌어야 하겠소?"

명림답부는 차분하게 대답했다.

"포악한 차대왕 때문에 백성들은 굶주리고 신하들은 많은 피를 흘렸습니다. 이제 더 이상 굶주리고 피 흘리는 고통은 없어야 할 것이옵니다."

신대왕은 강한 권력을 쥔 명림답부가 차대왕을 따르던 신하들을 모두 죽이며 다시 한 번 피바람을 일으킬까 봐 걱정했다.

"그러면 차대왕에게 아첨하며 세상을 어지럽히던 신하들은 어떻게 해야 하겠소?"

명림답부는 신대왕의 마음을 꿰뚫어 보며 말했다.

"그들의 잘못은 미우나 이미 힘을 잃었으니 굳이 죽여야 할 필요는 없을 것입니다. 만약 다시 그들을 벌해 피를 흘리면 나라는 또 한 번 어지러운 다툼 속으로 빠져 들 것이니 왕께서는 넓은 마음으로 그들을 품어 주시옵소서."

신대왕은 명림답부의 성품에 감탄했다.

"그대는 참으로 그릇이 큰 사람이오. 나 또한 그대의 생각을 따르고자 하오. 우선 지난 차대왕 시절에 옥에 갇혔던 사람들을 모두 풀어 주고 차대왕

의 신하들도 다시 나라를 위해 일하게 하시오."

"그렇게 하겠습니다."

보통 반란에 성공한 세력이 몰아낸 왕의 신하뿐만 아니라 그 왕의 가족까지 모두 죽여 버리곤 하는 것은 역사에서 흔히 볼 수 있다. 그러나 명림답부는 달랐다. 그는 화합 정치를 통해 고구려를 바로 세우려 했다.

신대왕 또한 성품이 바른 사람이었다. 그는 차대왕이 반란을 일으키려 할 때 이미 직접 그를 찾아가 말린 적도 있었다. 그래서 차대왕이 왕위에 올랐을 때 산에 들어가 숨은 것이었다.

신대왕과 명림답부의 화합 정치가 빛을 낸 대표적인 사건은 차대왕의 아들을 처리하는 데서 드러났다.

차대왕의 아들인 추안은 아버지가 죽자 위험을 느끼고 산으로 숨었다. 그러다가 신대왕이 죄수를 풀어주고 그 죄를 용서해 준다는 소문을 들었다.

"왕이 많은 죄수들을 풀어준다는데 나도 살려 주지 않을까? 어차피 평생 산속에 숨어 살 수는 없으니 일단 왕 앞에 나아가 용서를 구해 보자."

그는 신대왕 앞에 엎드려 말했다.

"아버지의 죄는 곧 아들의 죄니 제가 고개를 들 수 없습니다. 하지만 이제 이렇게 용서를 구하니 왕께서는 저를 살려 주실 수 없겠습니까?"

그러자 신대왕은 추안을 일으켜 세우며 말했다.

"그게 무슨 소리요? 이제 세상이 바뀌었는데 내가 어찌 나의 조카를 해치겠는가? 그대는 두려워 말고 나에게 의지하라."

추안은 차대왕의 아들이니 차대왕이 죽음을 당하지 않았다면 왕이 되었을 인물이었다. 보통 이런 경우 왕은 그가 반란을 일으킬까 봐 두려워서라도 죽여 없앤다.

하지만 신대왕은 그렇게 하지 않았다. 오히려 추안에게 벼슬과 땅까지 내려 편안하게 살 수 있게 했다.

이렇게 화합 정치가 펼쳐지자 고구려는 다시 안정을 찾았고 왕실과 신하들 사이에는 새로운 질서가 잡혔다. 특히 국상 제도를 만들어 왕이 지나치게 권력을 휘두르는 것을 막고 신하들의 대표가 나랏일을 많이 책임지게 했다. 이러한 정치적 변화는 이후 한나라의 침입을 막아 내는 데 성공해 좋은 변화였음이 증명된다.

다시 싹트는 전쟁의 기운

신대왕이 들어서고 명림답부가 고구려를 이끌어 갈 즈음, 고구려 주변에서는 예사롭지 않은 기운이 감돌고 있었다. 태조왕 시절에 한나라와 고구려가 화친을 맺은 뒤로 한동안 큰 전쟁이 일어나지 않았는데, 다시 전쟁의 기운이 싹트게 된 것이다.

전쟁의 기운은 부여의 무역 문제 때문에 생기기 시작했다.

"현도군 사람들이 우리나라가 한나라와 무역하는 것을 방해하고 있습니다."

이 말을 들은 부여 왕은 크게 화를 냈다.

"우리나라가 한나라와 친해 서로 귀한 물건을 주고받는 것은 어제오늘의 일이 아닌데 현도군에서 왜 방해한다는 말이냐?"

"아마도 우리가 한나라와 직접 무역을 하는 것이 불만인 것 같습니다."

현도군은 한나라 왕실의 지배를 받는 지방이었다. 한나라는 당시 도읍에서 먼 지방에는 태수를 두고 스스로 다스리게 했다. 현도군은 한나라의 지배를 받았지만 독립적이기도 했다.

현도군은 부여가 자신을 통하지 않고 한나라와 직접 무역을 하는 것이 불만이었다. 자기들은 부여에게 길만 빌려 주고 아무런 이득도 얻지 못했기 때문이다.

현도군이 부여의 무역을 방해하자 부여 왕은 큰 결심을 했다.

"아무래도 현도 태수에게 뜨거운 맛을 보여 줘야겠다. 군사를 준비시키도록 하라."

그러자 신하들이 말했다.

"현도를 공격하는 것은 좋은 일이나 고구려와 선비가 어떻게 나올지 걱정됩니다."

부여 왕은 아무렇지 않다는 듯이 말했다.

"고구려와 선비는 예전부터 우리가 한나라와 사이좋게 지내는 것을 싫어했다. 현도는 어차피 한나라 땅인데 현도를 공격한들 고구려와 선비가 싫어할 이유가 있겠느냐? 오히려 좋아할 것이다. 고구려와 선비에 사람을 보내 우리가 현도를 친다고 미리 알려 주도록 해라."

부여 왕의 생각은 옳았다. 고구려와 선비는 부여가 현도를 공격할 때 함께하지 않았지만 마음속으로는 응원했다.

부여가 2만 명의 군사로 현도를 공격한다는 소식을 들은 신대왕은 명림답부를 불러 물었다.

"부여가 현도를 친다는데, 어떻게 될 것 같은가?"

명림답부가 대답했다.

"부여가 2만 명이나 되는 군사를 동원했으나 현도의 군사들도 만만치 않아 점령하지는 못할 것입니다."

그러자 신대왕이 다시 물었다.

"그런가? 부여와 현도의 전쟁이 우리에게는 이익인가, 손해인가?"

명림답부는 이미 생각해 두었다는 듯이 거침없이 대답했다.

"당연히 우리에게는 큰 이익입니다. 부여가 현도를 공격하면 더 이상 한나라와 가깝게 지내기는 힘들 것입니다. 또한 부여가 현도와의 싸움에 정신이 팔려 있으면 우리가 한나라와 싸울 때 부여를 신경 쓸 필요가 없어집니다. 지난 태조왕 시절에 현도성을 거의 정복할 뻔하다가 실패한 것은 부여 군이 우리 뒤통수를 쳤기 때문입니다. 우리는 부여와 현도가 싸우고 있을 때 한나라를 공격해 큰 이익을 얻을 수 있습니다."

명림답부의 말대로 부여는 무섭게 현도를 공격했지만 현도 태수 공손역의 빈틈없는 방어 때문에 그냥 물러나야 했다.

고구려는 이 기회를 놓치지 않고 그 이듬해 한나라를 공격했다. 이때가 168년 12월이었다.

"선비와 연합해 한나라의 유주와 병주를 공격하도록 하라."

신대왕의 명령을 받은 고구려 군대는 선비족 군대와 함께 한나라를 공격했다.

"현도 태수 경림은 유주와 병주에 쳐들어온 오랑캐를 무찌르도록 하라."

한나라 왕은 이렇게 명령하며 고구려와 선비 연합군에 맞서 싸웠다. 이 싸움은 밀고 밀리며 여러 차례 계속되었는데 싸움이 끝난 것은 한나라에서 반란이 일어났기 때문이다.

"황제 폐하, 남쪽에서 반란이 일어났습니다."

"뭣이? 북쪽의 적들과 싸우기도 바쁜데 반란이 웬 말이냐? 할 수 없다. 고구려와 선비에 전쟁을 멈추자고 해라."

사실 고구려와 선비 또한 한나라의 대항이 만만치 않아 힘겨워하고 있었기 때문에 한나라 왕의 제안을 반겼다. 하지만 이 전쟁의 피해자는 한나라였다.

신대왕은 전쟁을 멈추자는 한나라 왕의 제안을 받아들였다.

"이만하면 되었다. 한나라에 많은 피해를 주었으니 이제 함부로 고구려를 넘보지 못할 것이다. 그만 물러나도록 하라."

한나라 왕은 남쪽에서 반란이 일어나 어쩔 수 없이 전쟁을 멈추었기 때문에 울분을 감추지 못했다.

'오랑캐가 우리 땅에서 칼을 휘두르며 설쳤는데도 아무런 복수도 하지 못하고 우리만 피해를 입었으니 이토록 분한 일이 있느냐? 이 모든 것은 고구려 때문에 일어났으니 반드시 복수할 것이다.'

이렇게 다짐한 한나라 왕은 남쪽의 반란을 잠재우고 172년에 수만 명의 군사를 보내 고구려를 쳐들어가게 했다. 이로써 고구려와 한나라의 자존심을 건 대결이 다시 한 번 펼쳐지게 된다.

좌원대첩과 고구려의 놀라운 전술

172년 11월, 한나라의 수많은 군사들이 고구려에 쳐들어오자 신대왕은 신하들을 불러 모아 회의를 열었다.

"지금 한나라 군사들이 개미 떼처럼 몰려온다고 하는데 어떻게 대응해야 하겠소?"

그러자 한 신하가 말했다.

"지금 한나라 군사들은 수가 많다는 것만 믿고 무작정 달려오고 있습니다. 이는 우리 군사들을 깔보는 것이니 성문을 열고 나아가 맞서 싸워야 합니다."

신대왕이 다시 물었다.

"그들의 수가 많은데 그저 맞서 싸우면 되겠는가?"

한나라에 맞서 싸워야 한다는 신하들이 자신 있게 말했다.

"폐하, 우리나라는 산이 험하고 길이 좁아 적군이 쉽게 들어올 수 없습니다. 좁은 길목을 지키고 있다가 한나라 군사가 지나갈 때 공격하면 적은 수로도 큰 승리를 거둘 수 있을 것입니다."

이 말을 듣고 신대왕은 명림답부에게 물었다.

"국상께서는 어떻게 생각하시오?"

명림답부는 차분하게 대답했다.

"좁은 길목으로 적을 끌어들여 공격하는 것은 우리가 자주 쓰는 훌륭한 전술입니다. 하지만 이번에 쳐들어오는 한나라 군사는 수가 많을 뿐만 아니라 오랫동안 침략을 준비한 정예 부대입니다. 그렇기 때문에 좁은 계곡에서 그들을 맞이한다 하더라도 매우 위험한 싸움을 벌여야 할 것입니다. 뛰어난 병력을 맞아 싸울 때는 막는 데 힘을 기울여야 합니다."

신대왕이 고개를 끄덕이며 물었다.

"그들을 막을 좋은 방법이 있소?"

명림답부는 찬찬히 생각을 가다듬으며 말했다.

"한나라 군대는 먼 길을 단숨에 달려왔습니다. 저들은 전쟁을 빠른 시간에 끝내려고 할 것입니다. 전쟁이 길어지면 식량이 떨어져 힘들기 때문입니다. 우선 백성과 병사들을 산성으로 옮기고 들판은 곡식 한 톨 남아 있지 않게 태워 버려야 합니다. 또한 성 밖에 도랑을 깊이 파고 보루를 높이 쌓아 저들을 맞이해야 합니다. 그러면 저들은 한 달을 버티지 못하고 지쳐서 돌아갈 것입니다. 그때 군사를 보내 공격하면 크게 이길 것입니다."

신대왕은 고개를 끄덕이며 명림답부의 말대로 하기로 결정했다.

한나라 군대는 이런 사실도 모르고 무작정 달려오기만 했다.

"뭐야? 고구려 놈들은 모두 겁쟁이가 아닌가? 어찌 길을 막

말 탄 사람이 그려진 벽화 조각

쌍영총에 그려진 말 탄 사람의 모습이다. 화살과 말은 사냥과 전쟁에 있어서 없어서는 안 될 중요한 도구였다.

국립중앙박물관 소장

는 놈이 하나도 없단 말이냐? 이대로 달려가서 고구려 왕의 목을 베자!"

 한나라 장수들은 신바람까지 내며 말을 달렸다. 그러다가 고구려 군사들이 파 놓은 도랑 앞에 이르렀다. 그러자 높은 보루에서 화살이 비 오듯 쏟아졌다.

 "이게 뭐야? 도랑을 건너야 싸울 수 있는데 화살 때문에 건널 수가 없구나. 잠시 물러서라."

 한나라 장수는 군사들을 물러서게 해서 도랑을 건널 방법을 생각했지만 뾰족한 수가 없었다. 그 뒤 며칠 동안 도랑을 건너려는 한나라 군사들과 화살을 쏘아 대는 고구려 군사들의 싸움이 계속되었다. 도랑을 건넌 한나라 군사는 단 한 명도 없었다.

 시간은 계속 흐르고 한나라 군사들은 지쳐 갔다.

 "식량이 바닥나고 있습니다."

 "병이 들어 비실거리는 병사들이 늘어나고 있습니다."

 "겨울이 오고 있습니다. 병사들이 추위를 견디지 못합니다."

 이런 말을 들은 한나라 장수는 한숨을 쉬며 말했다.

 "도대체 이런 전투가 어디 있단 말이냐? 먼 길을 쉬지 않고 달려왔더니 적군을 보지도 못하고 그냥 돌아가야 하는 것인가?"

 한나라 장수는 군사들을 이끌고 어쩔 수 없이 돌아가려 했다. 병사들은 지칠 대로 지쳐 있었다.

"이때다. 적군을 뒤쫓아 목을 베어라!"

명림답부는 이렇게 명령하며 자신도 직접 말을 타고 나섰다. 고구려 군사들은 험한 산을 자유롭게 말을 타고 다니며 한나라 군사들을 공격했다. 굶주리고 지친 한나라 군사들은 곳곳에서 나타나는 고구려 군사들을 보며 겁에 질려 떨다가 제대로 싸워 보지도 못하고 목숨을 잃었다.

이때 고구려 군사는 수천 명이었으며 한나라 군사는 수만 명이었다. 명림답부는 적은 군사로 훨씬 많은 적을 크게 무찌른 것이다. 고구려 군사들이 한나라 군사들을 공격한 곳이 좌원이라 이 전쟁을 '좌원대첩'이라고 부른다.

이 전투에 쓰인 전술은 그 뒤로도 고구려에서 자주 쓰였다. 적군이 식량을 얻지 못하도록 들판을 불태우고 산성으로 들어가 적군이 지치기를 기다리는 '산성 전투'는 한나라, 수나라, 당나라로 이어지는 중국 왕조들에게는 공포의 대상이었다.

이 전술은 심지어 '좌원대첩' 이후 1800년가량이 지난 러시아에서도 쓰였다. 제2차 세계 대전 때 전 유럽을 제압한 히틀러 군대가 쳐들어오자 러시아는 모스크바를 텅텅 비우고 후퇴해 버렸다. 기세 좋게 모스크바로 밀고 들어간 히틀러 군대는 추위에 떨며 굶주림과 병에 시달리다 무너지고 말았다.

사실 이 전술은 최초의 기마 유목 민족 군대인 스키타이가 맨 먼저 쓴 것으로 알려졌다. 이들은 적군을 텅 빈 들판으로 끌고 다니며 적이 약해지고 마음을 놓았을 때 갑자기 공격했다.

고구려사 이야기

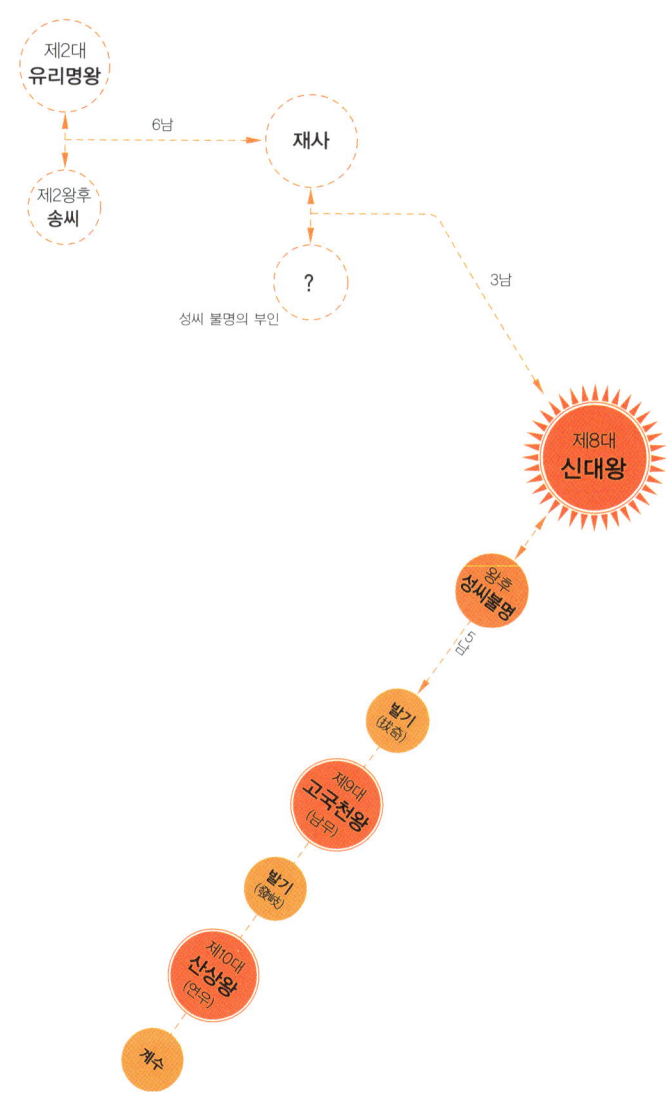

스키타이와 싸운 군사들은 그들의 그림자도 보지 못하고 들판을 헤매다가 공격당하고는 했다.

스키타이는 아시아 유목 민족과도 깊은 관련이 있다. 사실 그들이 어떤 사람인지 역사적으로 밝혀진 것은 적지만 아시아 북방의 유목 민족에게 큰 영향을 미친 것은 분명하다. 고구려 또한 유목 민족의 전통을 가진 나라로서 고구려 군대와 스키타이 군대는 매우 닮았다.

중국 사람들은 이러한 기마 유목 민족의 전술을 이해하지 못하고 숱하게 무너졌다. 역사적으로 중국 한족은 단 한 번도 만주와 북방 초원 지대를 정복하지 못했다. 오히려 북방 유목 민족이 중국 대륙을 정복하곤 했다.

고구려가 한나라 군대를 물리친 것도 이러한 커다란 역사의 흐름 속에서 볼 수 있다. 명림답부의 좌원대첩은 중국의 큰 나라들과 어깨를 겨루며 결코 지지 않는 유목 민족의 후예, 고구려의 역사를 상징적으로 보여 준 것이다.

제9대 고국천왕실록

당당히 개혁을 이룬 고국천왕

외척 세력의 손아귀에 든 고구려

고구려는 본래 연노부, 절노부, 순노부, 관노부, 계루부의 다섯 부족이 연맹을 통해 만든 나라였다. 처음에는 연노부가 가장 세력이 강해 왕도 연노부에서 나왔다.

하지만 동명성왕이 계루부 족장의 사위가 되어 크게 활약하면서 계루부가 가장 강한 세력이 되었다. 그래서 동명성왕 이후 고구려 왕은 계루부에서 나왔다.

계루부 출신의 고구려 왕들은 다른 부족의 여인을 왕비로 맞아들여 부족 연맹의 전통을 이어 나갔다. 다만 동명성왕 이전에 5부족 연맹의 왕을 냈던 연노부에서는 왕비를 맞아들이지 않았다. 아마도 경쟁 상대였던 연노부를 완전히 누르기 위해서

고국천왕시대의 세계 약사

중국의 동한은 안팎으로 계속되던 어려운 상황을 이겨 내지 못하고 무너졌다. 특히 184년에 일어난 황건적의 난은 동한의 운명을 결정짓는 역할을 했다. 동한이 무너지자 중국은 이른바 위·촉·오로 대표되는 삼국시대로 치달았다. 서양의 로마에서는 아우렐리우스 황제가 죽음을 당하고 코모두스가 즉위했다. 게르만족이 쳐들어와 나라가 어지러워지자 나르키소스가 코모두스를 죽이면서 4명의 황제가 들어섰다. 그 뒤 로마는 군벌 세력이 권력을 쥐고 황제는 꼭두각시 신세가 되었다.

였을 것이다.

　어쨌든 고구려는 5부족에서 비롯된 귀족 가문이 지배층을 이루고 계루부 왕실이 나라를 이끌어 나갔는데, 여기에 변화가 생긴 것은 폭군 차대왕 때문이었다.

　명림답부는 차대왕을 몰아내는 데 성공했는데 이때 명림답부와 함께한 사람들은 차대왕에게 불만을 가진 여러 귀족 가문 출신이었다. 이 가운데에서도 절노부가 앞장서서 이들을 이끌었다.

　절노부는 부족 시대의 이름이고 이것이 귀족 가문으로 발전하면서 '연나부'라고 불렸는데 명림답부도 연나부 출신이었다. 계루부 출신의 폭군 차대왕을 몰아내자 고구려의 권력을 쥐게 된 것은 연나부였다. 물론 고구려 왕실은 계루부에서 계속 나왔지만 왕비는 주로 연나부에서 나왔다.

　신대왕 시절에는 이러한 변화가 문제를 일으키지 않았다. 훌륭한 국상인 명림답부가 있었기 때문이다.

　하지만 명림답부와 신대왕이 세상을 떠나자 문제가 생기기 시작했다. 고국천왕[1]은 그 문제를 떠안아야 했다.

　"나라가 온통 외척 세력의 손아귀에 들어가 버렸구나."

　외척 세력이란 왕의 외가 세력으로 곧 연나부 사람들을 말한다. 이들은 차대왕을 몰아내면서 공을 세워 나라의 중요한 벼슬을 차지하고 있었다.

　'외척 세력이 중요한 벼슬을 다 차지하고 있으니 능력 있는 인재를 쓸 수가 없구나. 이래서야 왕이 된다 한들 내 뜻을 펼칠

1. 고국천왕 (?~197)
고구려 제9대 왕(재위 기간 179~197)으로 신대왕의 둘째 아들이며 이름은 남무다.

수 있겠는가?'

고국천왕은 이런 생각을 가지고 있었다. 더구나 명림답부가 세상을 떠나고 나자 눈치 볼 사람이 없어진 외척 세력은 백성을 괴롭히는 나쁜 짓을 일삼았다.

이들 가운데 대표적인 인물은 좌가려와 어비류였다.

"좌가려와 어비류는 권력이 강해서 임금님도 깔본대."

"좌가려의 집은 대궐보다 더 화려하다더군."

"좌가려와 어비류가 또 백성들의 집과 땅을 빼앗아 갔다는군."

"그것뿐인가? 백성들은 그 집안 사람들이 지나가면 무서워서 숨도 못 쉰다니까."

백성들의 원망이 나라에 널리 퍼질 만큼 그들은 권력을 휘두르며 나쁜 짓을 일삼았다. 고국천왕은 이러한 외척 세력을 몰아내고 나라를 개혁한 왕이다.

《삼국사기》에는 고국천왕에 대해 다음과 같이 쓰여 있다.

'키가 9척이고, 풍채가 웅장하며 힘이 셌다. 일을 할 때 너그러우면서도 날카로웠다.'

고국천왕이 나라에 해를 끼치는 무리를 몰아내고 개혁에 성공했기 때문에 이렇게 평가했을 것이다.

고국천왕은 능력 중심으로 조정을 개편할 뜻을 품었다. 하지만 고국천왕이 왕위에 막 올랐을 무렵에는 힘이 없었다. 연나부의 외척 세력이 권력을 틀어쥐고 있었던 것이다.

고국천왕도 처음에는 이들의 힘을 당할 수 없어 연나부에서 왕비를 맞아들였다. 그는 연나부와 친하게 지내는 척하면서 기회가 오기를 조용히 기다렸다.

전쟁을 통해 개혁의 발판을 만든 고국천왕

연나부의 외척 세력에 눌려 힘을 쓰지 못하던 고국천왕이 마침내 힘을 가지게 된 것은 전쟁 덕분이었다.

"요동 태수가 군사를 몰고 쳐들어오고 있습니다."

고국천왕은 왕위에 오른 지 7년이 지난 무렵인 184년에 요동 태수가 쳐들어온다는 소식을 들었다.

"한나라가 또다시 요동 태수를 보내 고구려를 눌러 보려고 하는구나. 계수야, 네가 나가서 적을 맞아 물리치도록 해라."

고국천왕은 막내 동생 계수를 장수로 삼아 한나라 군사들을 막게 했다. 당시 한나라는 농민군이 크게 들고일어나 어지러운 상태였기 때문에 군사들이 강할 리 없었다. 그래서 고국천왕은 계수가 어렵지 않게 한나라 군대를 막을 수 있을 것이라고 생각했다.

하지만 결과는 달랐다.

"폐하, 적의 기세가 생각보다 거세 쉽게 감당할 수 없었습니다. 부끄럽게도 일단 물러났습니다."

계수는 한나라 군대를 물리치지 못하고 물러난 것이었다.

"우리가 저들을 얕잡아 본 것인가. 아무래도 내가 직접 나서야겠다."

고국천왕은 직접 군사들을 이끌고 한나라 군대에 맞섰다. 이 싸움은 신대왕 시절에 명림답부가 크게 이긴 적 있는 좌원에서 벌어졌다.

"좌원은 한나라 군대의 무덤이다. 우리는 이길 것이니 나를 믿고 따르라."

고국천왕은 군사들에게 자신감을 불어넣으면서 앞장섰다.

"한나라 군사들은 고구려의 산악 지대를 잘 알지 못한다. 깊은 계곡과 험한 바위는 우리의 무기이니 산악 지대를 이용해서 싸워라."

고국천왕은 이렇게 고구려 특유의 전술을 펼치며 한나라 군대와 맞서 싸웠다. 결과는 고구려의 큰 승리였다. 《삼국사기》는 이 싸움의 결과를 '적의 머리가 산더미처럼 쌓였다.' 라고 기록했다. 한나라의 피해가 컸음을 나타낸 것이다.

왕이 직접 군사를 이끌고 나가 전쟁에서 크게 이기자 고국천왕에 대한 백성과 신하들의 믿음이 하늘을 찌를 듯했다.

"우리 임금이 한나라 놈들을 모조리 베어 버렸다는군."

"이제 한나라 군사들은 우리 임금 이름만 들어도 벌벌 떤다

네."

"임금이 있는 한 누가 우리 고구려를 넘보겠어?"

이러한 말들은 곧 고국천왕이 전쟁을 통해 영웅이 되었음을 뜻한다. 고국천왕은 마침내 외척 세력과 겨룰 수 있는 힘을 가지게 되었다. 그때까지 외척 세력에게 밀리기만 하던 왕권이 제자리를 찾고 있었던 것이다.

고국천왕에게 덤벼든 세력

영웅이 된 고국천왕은 전쟁이 끝나고 몇 년이 지난 190년에 드디어 외척 세력을 몰아내기로 마음먹었다. 고국천왕이 그런 결심을 한 것은 외척 세력이 나쁜 짓을 일삼았기 때문이다.

"폐하, 좌가려와 어비류의 아들들이 길 가는 여인을 덮쳐 욕보이고, 백성들의 재산을 함부로 빼앗아서 백성들이 두려움에 떨고 있습니다."

고국천왕은 가까운 신하에게서 이 말을 듣고 주먹을 부르르 떨었다.

"눈에 보이는 것이 없는 놈들이구나. 그놈들을 잡아서 죄를 묻지 않았느냐?"

고국천왕의 물음에 신하들이 고개를 절레절레 흔들면서 말했다.

"그 집안 사람들을 누가 건드릴 수 있겠습니까? 그들이 나쁜 짓을 저지르는 것은 어제오늘의 일이 아님을 폐하께서도 잘 아시지 않습니까?"

그러자 다른 신하 하나도 거들었다.

"나라가 임금 것이 아니라 외척 세력 것이라는 말이 나온 지 오래되었습니다. 그들의 교만과 사치는 이루 말할 수 없을 정도입니다."

그러자 고국천왕은 심각한 표정으로 말했다.

"잘 알고 있다. 그들을 몰아내지 않고서는 나라가 바로 설 수 없다는 것을 안 지도 오래되었다. 더 이상 그들을 내버려 둘 수 없다. 좌가려와 어비류 무리를 몰아내고 그 자리에 훌륭한 인재들을 앉힐 것이다."

하지만 좌가려와 어비류는 눈치가 빠른 사람들이었다. 외척 세력의 우두머리로 가장 높은 벼슬에 있던 좌가려는 어비류를 불러 말했다.

"이보게, 아무래도 왕이 우리를 몰아내려 할 것 같구먼."

어비류는 분통을 터뜨리며 말했다.

"아니, 누구 때문에 왕이 되었는데 우리에게 이럴 수가 있단 말입니까? 임금이 폭군 차대왕처럼 쫓겨나야 정신을 차리지 않겠습니까?"

그러자 좌가려는 이를 악물며 말했다.

"그러게 말이야. 앉아서 당할 수야 없지. 군사를 일으켜 왕을 몰아내야겠어."

좌가려와 어비류는 반란을 일으켰다. 그들은 연나부 출신 관리들과 함께 세력을 더 크게 모아 군사를 일으켰다.

"폐하, 좌가려와 그 일당이 궁궐로 쳐들어오고 있습니다."

고국천왕이 이 소식을 들은 것은 191년 4월이었다.

"이곳으로 오고 있다고? 오히려 잘되었다. 반란군 놈들을 내 손으로 직접 없앨 것이다."

좌가려의 반란군은 고구려 최대 귀족 세력으로 이루어졌기 때문에 매우 강했다. 그들은 7개월 동안이나 나라를 어지럽히며 왕을 위협했다.

하지만 고국천왕은 한나라 군대를 직접 무찌른 전쟁 영웅이었다. 그는 7개월 만에 좌가려의 반란군과 대결을 벌여 이들을 보기 좋게 무찔렀다.

"앞으로는 귀족 가문에서 무작정 관리를 뽑는 게 아니라 오직 능력으로만 뽑을 것이다."

반란군을 무찌른 뒤 고국천왕은 벼르고 벼르던 개혁을 밀어붙이기 시작했다. 5부족 연맹으로 출발한 고구려는 각 부족에게 권력을 나누어 주기 위해 그들 가운데에서 관리를 뽑아 왔다. 고국천왕은 이러한 관습을 깨고 능력 위주로 관리를 뽑기로 한 것이다.

이는 고구려 정치 제도 수준이 과거 부족 연맹 시대보다 한 단계 높아졌음을 뜻한다. 능력 위주로 관리를 뽑는 것은 이후 고려, 조선 시대뿐만 아니라 현대 민주주의 시대에서도 큰 의미를 가진다. 이것이 잘 이루어지면 정치가 발전하고 그렇지 않으면 권력을 쥔 사람들에 의해 나라가 어지러워지게 마련이기 때문이다.

고국천왕은 여기에서 한발 더 나아갔다.

"앞으로 고구려 영토를 동부, 서부, 남부, 북부로 나누고 이 4부에서 추천받아 국상을 뽑겠다."

고국천왕의 명령은 파격적이었다. 고구려는 이전까지 5부족이 지역의 한 부분씩 차지하고 살며 이곳에서 관리를 뽑았다. 이는 부족 연맹의 전통을 이어받은 것이었다. 그러자 연나부와 같은 일부 부족 지역에서 중요한 관직을 모두 차지하며 나라를 손에 쥐는 일도 일어났다.

고국천왕은 이러한 전통에서 벗어나 왕의 뜻대로 나라의 구역을 새로 나눔으로써 고구려를 좀 더 발전된 왕권 국가로 바꾸었다.

고국천왕이 이렇게 파격적인 개혁을 밀어붙일 수 있었던 것은 좌가려, 어비류와 같은 반란 세력을 힘으로 누르는 데 성공했기 때문이다.

하지만 왕의 개혁에 불만을 가진 사람이 나타났다.

"이러다가는 나라가 완전히 남무(고국천왕)의 손아귀에서 놀아나겠구나. 저 자리는 본래 내 자리인데 말이야."

이런 불만을 가지고 있던 사람은 고국천왕의 형, 발기였다. 본래 고국천왕은 신대왕의 둘째 아들로, 형인 발기를 제치고 왕이 되었기 때문에 발기는 처음부터 불만을 가지고 있었다.

"더 늦기 전에 왕의 자리를 찾아야겠어. 누구와 함께 이 일을 할까?"

자신과 손잡을 세력을 찾던 발기는 소나부(연노부) 사람들을 끌어들이기로 계획했다. 소나부는 본래 동명성왕 이전에 5부족 연맹을 이끌던 우두머리 부족이었다. 동명성왕 이후 계루부에서 왕권을 차지하자 소나부는 왕실의 감시를 받았을 뿐 아니라 중요한 관직에도 오르지 못했다.

발기가 소나부의 우두머리를 찾아가서 말했다.

"나라가 한때 연나부의 외척 무리 손에 있더니 이제는 오직 남무의 손안에 있소이다. 그대의 부족은 벼슬도 얻지 못하고 밀려난 지 오래이고, 나 또한 동생에게 왕위를 빼앗긴 지 오래이니 우리는 같은 처지가 아니겠소?"

늘 왕실의 감시를 받고 있던 소나부의 우두머리는 조심스럽게 말했다.

"대군께서 무슨 생각으로 이토록 놀라운 말씀을 하시는지 모르겠습니다."

그러자 발기가 거리낌 없이 말했다.

"나와 손잡고 나라를 뒤집어엎는 게 어떻겠소? 내가 왕이 되면 소나부의 명예를 되살려 주겠소."

소나부 사람들은 발기의 말을 따르기로 했다. 하지만 고국천왕의 힘에 비해 그들의 힘은 보잘것없었다. 소나부 사람들은 이것이 걱정스러웠다.

"대군, 지금 이 나라에서 왕의 힘을 당할 자가 없고 우리는 힘이 없는데 나라를 어떻게 뒤집어엎을 수 있겠습니까?"

발기도 이 문제를 깊이 고민했다. 그리고 한 가지 방법을 생각해 냈다.

"나라 안에 힘이 없다면 나라 밖에서 찾으면 될 것이오."

"나라 밖이라 하면?"

"요동 태수 공손도와 그의 아들 공손강을 끌어들이는 게 어떻겠소?"

이 말에 소나부 사람들은 깜짝 놀랐다. 요동 태수는 고구려와 자주 전쟁을 벌이는 적국이었기 때문이다. 발기는 소나부 사람들의 마음을 잘 알고 있었다.

"그대들이 두려워할 수도 있소. 하지만 왕을 죽이고 나라를 뒤집자는 데 찬밥, 더운밥 가리게 생겼소? 나와 함께 요동으로 갑시다."

발기는 소나부 사람들을 이끌고 요동 태수 공손도에게 가 버렸다. 이때 소나부의 3만여 호가 요동으로 갔다고 하니 10만 명에 이르는 고구려 사람들이 나라를 등진 셈이었다.

이 소식을 들은 고국천왕은 매우 실망했다.

"형님이 나에게 어찌 이럴 수가 있는가? 소나부 사람들은 어찌 나라를 배반할 마음을 품었단 말인가?"

한숨을 내쉬던 고국천왕은 군대에 명령을 내렸다.

"나라를 배반한 무리를 그대로 둘 수 없다. 지금 곧 군사를 보내 그들을 잡아들이도록 하라."

한편 고구려 군대가 몰려온다는 소식을 들은 발기와 소나부 사람들은 요동 태수 공손도에게 찾아가 말했다.

"예상한 대로 고구려가 군대를 보내고 있습니다. 싸움에서는 먼저 공격하는 쪽이 유리하니 우리가 저들을 먼저 공격하도록 합시다."

발기와 공손도 사이에는 이미 약속이 되어 있었기 때문에 요동 군사들과 소나부 사람들은 고구려 군대를 공격하기 위해 곧장 떠났다.

하지만 싸움은 고구려 군대의 승리로 끝났다. 고국천왕은 발기의 반란을 잠재우고 나서 이렇게 말했다.

"형님 가족은 내가 보살피리라. 동생된 자가 왕이 되었으니 어찌 형님의 한을 모른 척하겠는가?"

고국천왕은 발기의 아들, 박위거에게 왕족 가운데에서도 가장 높은 벼슬을 내렸다.

이렇게 고국천왕은 두 차례의 반란을 겪었지만 이를 잘 이겨내 오히려 개혁의 힘을 얻었다.

> **2. 을파소** (?~203)
> 고구려의 대표적인 재상으로, 시골에서 농사를 짓고 살다가 안류의 추천으로 국상에 뽑혔다. 왕권을 중심으로 한 새로운 정치 질서를 세웠으며, 봄에 굶주리는 백성에게 곡식을 빌려 주는 진대법(환곡 제도)을 실시했다.

1,000년 역사에 빛나는 개혁가, 을파소

왕조 시대의 개혁에는 대부분 훌륭한 재상이 큰 역할을 한다. 고국천왕이 개혁을 이루는 데도 역사에 길이 남을 재상이 있었다. 그의 이름은 을파소[2]다.

고국천왕은 고구려를 동, 서, 남, 북의 4부로 나누고 각 부에서 국상을 추천하게 했다.

"이제까지 관직은 가문과 배경에 따라 주어졌다. 또한 벼슬은 오직 능력과 덕에 의해 높아져야 하는데, 그러지 못했다. 이 때문에 왕실과 백성에게 해를 끼쳤으니, 이제 능력과 덕을 갖춘 현명한 사람을 뽑으려 한다. 각 부에서는 지혜로운 사람을 뽑아 국상으로 추천하도록 하라."

이리하여 4부에서 추천된 사람은 '안류'라는 사람이었다.

고국천왕은 안류를 불러 말했다.

"그대에게 국상 자리를 줄 테니 나를 도와 나라를 이끌도록 하라."

그러자 안류가 말했다.

"제가 추천받아 이 자리에 왔습니다만, 저는 국상 자리에 오를 만한 인재가 아닙니다. 저보다 훨씬 지혜롭고 뛰어난 사람이 있사온데, 제가 추천해도 되겠습니까?"

"자신의 영광을 마다하면서까지 추천하고자 하는 사람이 누구인가?"

"을파소라는 분입니다."

고국천왕은 처음 듣는 이름에 고개를 갸웃거리며 말했다.

"을파소? 어디서 무엇을 하는 사람인가?"

"그는 유리명왕의 대신이었던 을소의 자손입니다. 성격이 곧고 세상만사에 지혜로우며 매우 생각이 깊은 사람이지만, 운이 없어 지금은 서압록곡 좌물촌에서 농사를 짓고 있습니다. 마마께서 만약 나라를 잘 다스리려 하신다면 그 사람을 꼭 데려와야 할 것입니다."

고국천왕은 곧 을파소를 데려오게 했다. 직접 그를 보자 안류의 말이 빈말이 아님을 금방 알 수 있었다.

을파소는 평범한 농사꾼인 듯하면서도 기품이 있고 눈빛이 빛났다.

"그대에게 중외대부의 벼슬을 줄 테니 나랏일에 힘써 주겠는가?"

고국천왕은 을파소에게 중외대부 자리를 주려고 했다. 중외대부는 비록 국상은 아니지만 매우 중요한 자리였다. 농사나 짓던 을파소에게 이런 벼슬을 내리는 것은 매우 파격적인 일이었다.

하지만 을파소는 고개를 저었다.

"저는 우둔하기 짝이 없는 사람이라 감히 마마의 명령을 감당하지 못하겠습니다. 그러니 마마께서는 더욱 현명한 사람을 뽑아 더욱 높은 벼슬을 주시고 나랏일을 맡기시옵소서."

이 말은 이왕 일을 시키려면 가장 높은 벼슬을 주고 일을 시켜야 한다는 뜻이었다. 영리한 고국천왕은 그 뜻을 금세 알아차렸다.

"내가 그대를 섭섭하게 했는가? 좋다. 국상 자리를 줄 테니 누구의 눈치도 보지 말고 그대의 뜻을 펼치도록 하라."

이리하여 한낱 농사꾼이었던 을파소가 국상 자리에 오르게 되었다. 이 때문에 신하들 사이에서는 난리가 났다.

"을파소라는 자가 도대체 누구인가?"

"아니, 어떻게 농사꾼 따위에게 국상 자리를 맡긴단 말인가?"

"벼슬이라고는 해 본 적도 없는 을파소가 국상이라니, 이게 있을 수 있는 일인가?"

하지만 을파소를 이미 알고 있던 신하들은 고개를 끄덕이며 말했다.

"과연, 임금께서 인재를 보는 눈이 보통이 아니로다. 이 나라에 을파소만한 인재는 없지."

"을파소가 국상이 되었으니 고구려의 앞날이 밝도다."

이런 가운데 국상 자리에 올라 나랏일을 이끌게 된 을파소는 고국천왕의 기대대로 뛰어난 능력을 발휘했다. 을파소가 국상이 된 것에 불만을 가졌던 사람들도 그의 능력과 인품을 보고 얼마 가지 않아 을파소를 존경하게 되었다.

그러던 어느 날, 을파소는 왕 앞에 나아가 말했다.

"마마, 정치는 무릇 백성을 위한 것입니다. 나라가 백성의 어려움을 살펴 힘써야만 백성은 나라를 사랑하고 임금을 어버이 같이 따를 것입니다."

고국천왕도 고개를 끄덕이며 말했다.

"국상의 말이 옳소. 그래서 그대가 하고자 하는 것이 무엇이오?"

을파소는 기다렸다는 듯이 말했다.

"백성들은 해마다 겨울이 지나고 봄에 곡식이 자라기 전까지 식량이 없어 굶주리고 있습니다. 이때 굶어 죽는 사람이 한둘이 아닙니다."

"그것은 나도 알고 있소. 그런데 어떻게 할 도리가 없지 않소?"

"나라에서 곡식을 빌려 주는 제도를 만들면 어떨까 합니다. 백성들의 양식이 바닥나는 3월에 나라의 창고를 열어 곡식을 빌려 주었다가 가을 추수가 끝나는 10월에 되갚게 하는 것입니다."

소수레

무용총에 있는 고분벽화로 소가 수레를 끄는 모습이다.

중국 길림성 집안시

고구려사 이야기

제9대 고국천왕 가계도

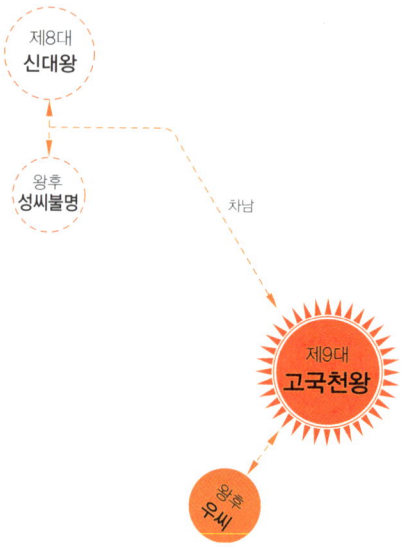

고국천왕은 이 말을 듣자마자 무릎을 탁 쳤다.

"오호, 그렇게 하면 되겠구나. 참으로 하늘이 내린 능력이로다. 그런 지혜로운 생각을 한 것은 늘 백성을 생각하기 때문일 테지? 국상의 뜻대로 그 제도를 실시하도록 하시오."

이것이 바로 '진대법'이라 불리는 환곡 제도다. 이는 당시로서는 거의 혁명적인 제도였다. 나라에서 백성에게 곡식을 빌려주어 굶주림을 피하게 한다는 이 제도는 고려, 조선 시대까지 이어졌다. 1,000년이 넘도록 을파소의 지혜가 발휘된 것이다.

이 개혁이 중요한 이유는 국가가 백성의 생존을 책임져야 한다는 중대한 원칙을 세웠기 때문이다. 백성이 없이는 나라도 없다. 삼국시대, 고려, 조선, 심지어 오늘날에 이르기까지 백성의 굶주림을 나라에서 해결해야 한다는 것은 가장 중요한 국가 철학이다.

을파소는 이렇게 1,000년 역사에 빛나는 개혁을 이루었으니, 우리 역사에 길이 남을 재상이라 할 만하다.

이처럼 을파소의 뛰어난 정치 감각으로 고구려 사회는 정치·경제적 안정을 유지할 수 있었다.

제10대 산상왕실록

형수를 왕비로 맞아들인 산상왕

산상왕시대의 세계 약사

중국에서는 동한이 무너지면서 각지에서 군벌이 나타났다. 하지만 시간이 흐르면서 점차 약한 군벌은 강한 군벌에 예속되고, 마침내 위·촉·오의 삼국시대로 접어들었다.
서양의 로마에서는 세베루스가 죽자 카라칼라가 즉위해 안토니우스 칙령을 공포하고 로마의 모든 자유인에게 시민권을 주었다. 페르시아에서는 마니교의 교조 마니가 태어나고 사산 왕조가 세워져 세력을 넓혔다. 이에 따라 로마와 페르시아 사이에 전쟁이 일어났다.

외척 세력의 부활을 꿈꾸는 우왕후

197년 5월, 뜻 깊은 개혁을 이루어 낸 고국천왕이 숨을 거두었다. 그러자 다시 음모의 눈을 번뜩이는 이가 있었다.

'임금이 죽었다는 걸 아는 사람은 나밖에 없으니, 이걸 이용해야겠어.'

이렇게 생각한 사람은 고국천왕의 왕비, 우왕후였다. 우왕후는 본래 연나부 출신으로 고국천왕에 의해 힘을 빼앗긴 외척 세력을 다시 살리고 싶어 했다. 그리고 자신이 또다시 왕비가 될 생각까지 했다.

고국천왕에게는 아들이 없었기 때문에 왕의 동생이 왕위를 이어야 했다. 고국천왕에게는 세 명의 동생이 있었다. 첫째 동생은 발기(고국천왕의 형 발기와는 다른 사람), 둘째 동생은 연우, 셋째 동생은 계수였다.

우왕후는 먼저 발기에게 찾아갔다. 때는 깊은 밤이었다. 발기는 밤중에 찾아온 왕후를 보고 적잖이 놀랐다.

"왕후께서 이 시간에 어인 일이신지요? 어서 안으로 드시지요."

우왕후는 발기의 집에 들어가 조용히 말했다.

"왕께서 아들이 없으니, 이제 대군께서 왕위를 이어야 하지 않겠습니까?"

이때 우왕후는 왕의 죽음을 비밀로 했다. 발기는 이 말을 듣고 왕후를 수상하게 생각했다.

'왕후가 나와 함께 반란을 일으키려는 것이 아닌가? 이 밤중에 갑자기 찾아와 왕위를 이으라니, 이 무슨 해괴한 일인가?'

당시 고국천왕은 병이 들어 누워 있었기 때문에 우왕후와 발기가 힘을 모아 반란을 일으키면 어렵지 않게 왕위를 차지할 수 있었다. 생각이 여기에까지 미치자 발기는 굳은 표정으로 말했다.

"나라의 왕은 하늘이 내는 것이니, 그저 하늘의 뜻에 따르기만 하면 됩니다. 그런데 왕후께서는 함부로 하늘의 뜻을 이루려 하시니 이렇게 가벼운 행동이 있겠습니까? 다시는 그런 말을 하지 마십시오. 그리고 지금은 깊은 밤인데 어찌 아녀자의 몸으로 궁궐 밖을 다니십니까? 몸가짐을 단정히 해 예의를 지키십시오."

　이 말에 우왕후는 부끄러움과 분함을 이기지 못하고 발기의 집에서 나와 버렸다. 그리고 곧장 연우의 집으로 갔다.
　왕후가 찾아왔다는 말에 연우는 대문까지 나와 그녀를 맞아들였다. 또한 차와 과일을 내오며 정성껏 대접했다.
　그러자 우왕후가 고마워하며 말했다.
　"대군, 지금부터 내 말을 잘 들으셔야 합니다. 조금 전 마마께서 승하하셨습니다. 그런데 왕께서는 아들이 없으니 큰 대군께서 왕위를 이어야 하겠으나, 그 사람은 나를 의심해 예의 없이 대했습니다. 그래서 그 집을 나서자마자 대군을 찾아온 것입니다."
　연우는 우왕후의 말뜻을 금세 알아차렸다. 그리고 더 정성껏 왕후를 대접했다.
　그러자 왕후가 말했다.
　"승하하신 마마께서 대군에게 왕위를 이을 것을 명령했다고 하겠습니다. 대신 대군께서는 저를 왕비로 맞아들여 영광을 누리게 해 주십시오."

연우는 발기를 제치고 왕이 될 욕심에 선뜻 왕후의 제안을 받아들였다.

다음 날 왕후는 신하들을 모아 놓고 말했다.

"어젯밤 마마께서 승하하셨습니다. 마마께서는 연우 대군으로 하여금 왕위를 잇게 하라고 저에게 명령하셨으니, 모두들 그 뜻을 따라 주길 바랍니다."

죽은 왕의 명령이라고 하니 신하들은 모두 그 뜻에 따랐다.

하지만 이 소식을 들은 발기는 노발대발 화를 내며 말했다.

"왕후가 어젯밤 나를 찾아온 이유가 거기에 있었구나. 왕후가 간사한 여우같이 마마의 명을 지어낸 것이 틀림없다. 내 어찌 이 같은 일을 두고 참을 수 있겠는가."

그리하여 발기는 곧 반란군을 일으키게 된다.

발기의 반란과 산상왕의 근심

우왕후의 계획에 따라 연우가 왕이 되었다는 소식을 듣자마자 발기는 군사를 모았다. 그리고 곧 왕궁을 에워싸고 소리쳤다.

"연우 네 이놈! 형이 죽으면 바로 밑의 아우가 왕위에 오르는 것이 옳거늘, 네놈이 예법을 어기고 왕위를 차지했으니 이는 죽어 마땅하다. 빨리 항복하고 나오지 않으면 네놈의 가족을 모조리 죽이겠다."

발기가 협박하는데도 연우는 꿈쩍하지 않았다. 이미 왕위에 오르기로 한 순간부터 그는 독한 마음을 품고 있었다. 연우는 신하들에게 말했다.

"지금 반란군이 왕궁을 에워싸고 있으나 철저히 지키기만 하고 성문을 열지 마라. 이 왕궁은 그 누구도 함부로 쳐들어올 수 없는 요새이니 시간이 지나면 제 풀에 지쳐 반란에 가담했던 군사들이 하나 둘씩 흩어질 것이다."

그러자 신하들이 걱정스런 얼굴로 말했다.

"하지만 바깥에 있는 폐하의 가족들을 죽이겠다고 하니 어찌 하오리까?"

연우는 굳은 표정으로 말했다.

"어쩔 수 없다. 하지만 기필코 그에 걸맞는 벌을 내릴 것이니라."

발기는 연우가 문을 열지 않자 연우의 아내와 자식들을 잡아 죽였다. 하지만 3일이 지나자 군사들이 점점 겁을 먹기 시작했다. 왕궁의 끄떡없는 방어에 막혀 반란이 실패할 것으로 생각했기 때문이다.

부하들이 걱정스러운 표정으로 발기에게 말했다.

"군사들이 흩어지고 있습니다. 이대로 가면 우리가 무너지고 말 것입니다."

그러자 발기가 말했다.

"분하다. 나의 왕위를 눈 뜨고 빼앗기다니. 차라리 요동 태수에게 찾아가 도움을 청하리라."

결국 발기가 선택한 것은 고구려를 등지고 한나라의 요동 태수에게 기대는 것이었다. 발기는 요동 태수 공손도를 찾아가 말했다.

"저는 고구려 고국천왕의 아우입니다. 며칠 전 형님께서 돌아가셨는데, 나의 아우 연우가 형수 우씨와 짜고 왕위에 올랐습니다. 이는 하늘의 뜻과 사람의 예의를 어긴 것이라 군사를 일으켜 벌하고자 했으나 뜻을 이루지 못하고 이렇게 도움을 청하러 왔습니다. 제게 군사 3만 명을 빌려 주어 연우를 치도록 도와주십시오."

요동 태수 공손도는 속으로 이렇게 생각했다.

'고구려를 치는 게 우리나라와 나의 소원인데, 고구려 왕족이 이렇게 제 발로 찾아와 고구려를 치자고 하니 기쁘지 아니한가.'

공손도는 곧 발기에게 군사를 빌려 주어 고구려를 쳐들어가게 했다.

이 소식을 들은 연우는 화가 머리끝까지 치솟았다.

"아무리 왕위가 탐난다고 하나 어찌 적국에 빌붙어 제 나라를 친단 말인가? 형이라 하더라도 이는 도저히 용서할 수 없는 일이다."

연우는 막내 동생 계수¹를 불러 말했다.

"지금 발기 형님이 적국의 군사를 앞세우고 이 나라에 쳐들어오고 있다. 네가 나가서 무찌르도록 해라."

---

1. **계수** (?~?)
신대왕의 다섯째 아들이다. 지혜롭고 뛰어난 능력을 지닌 장수였다.

계수는 고구려 군사를 이끌고 발기와 한나라 군대를 맞으러 나갔다. 결과는 고구려의 승리였다. 발기는 목숨을 구하기 위해 달아나다가 계수에게 붙잡혔다.

하지만 계수는 발기를 죽이지 않고 이렇게 말했다.

"발기 형님, 어쩌다 이렇게까지 되었습니까? 물론 연우 형님이 왕위에 오른 것은 정의로운 일이 아닙니다. 그렇지만 형님께서 분을 이기지 못하고 나라를 배반한 것은 더 옳지 못합니다. 도대체 죽은 뒤에 조상들을 무슨 낯으로 뵈려 하십니까?"

발기는 계수가 나무라자 부끄러움을 이기지 못하고 스스로 목숨을 끊었다. 그러자 계수는 발기의 시신을 고구려로 가지고 와서 장례 치를 준비를 했다.

발기가 죽었다는 소식을 들은 연우는 계수를 불러 잔치를 베풀어 주었다. 하지만 계수가 발기의 시신을 가지고 와서 장례를 치르려는 것이 못마땅했다.

연우는 계수를 불러 말했다.

"발기가 적국에 빌붙어서 이 나라를 쳐들어왔으니 이보다 큰 죄는 없다. 하지만 너는 싸움에 이기고도 그를 죽이지 않았다. 이 정도면 형제의 예의는 갖춘 것인데 어찌해서 죄인의 장례식까지 치르려고 하느냐? 너는 발기를 벌해 죽이려 한 나를 피도 눈물도 없는 인간이라 비난하고 싶은 것이냐?"

그러자 계수는 표정 하나 흐트러지지 않고 말했다.

"저는 죽더라도 한마디만 하고 죽겠습니다. 왕후께서 비록 선왕(고국천왕)의 유언에 따라 마마를 왕위에 오르게 했으나 마마께서는 이를 사양하셔야 했습니다. 그렇게 하지 않은 것은 형제의 우애를 저버린 행동입니다. 하지만 저는 마마의 덕을 높이고자 발기의 시신을 거두어 장례를 치르려 한 것인데, 마마께서 이렇게 화를 내실 줄은 몰랐습니다. 마마께서 진정 덕을 펼치고자 하신다면 형에 대한 예의를 갖추어 장례를 지내 주는 것이 옳습니다. 그렇게 하면 누가 마마를 따르지 않겠습니까?"

연우는 계수의 날카로운 충고를 받아들였다. 그래서 그해 9월 발기의 장례를 크게 치러 주었다.

이렇게 왕이 된 연우가 고구려 제10대 산상왕[2]이다. 발기가 세상을 떠난 뒤로 산상왕을 위협하는 세력은 더 이상 없었다.

하지만 산상왕은 근심을 떨쳐 버릴 수 없었다. 외척 세력이 다시 힘을 얻어 그들의 눈치를 살펴야 했기 때문이다.

외척 세력은 고국천왕의 개혁에 의해 밀려나 있다가 산상왕 때 다시 일어섰다. 이는 산상왕이 왕후 우씨의 힘으로 왕위에 올랐기 때문이다.

왕후 우씨는 다시 일어선 외척 세력의 힘으로 산상왕의 왕비가 되었다. 본래 고국천왕의 왕비였던 우씨가 고국천왕의 동생인 산상왕의 왕비가 되었다는 것은 그만큼 산상왕이 외척 세력에게 휘둘렸음을 뜻한다.

2. 산상왕 (?~227)

고구려 제10대 왕(재위 기간 197~227)으로 신대왕의 넷째 아들이며, 이름은 연우다.

세 번째 도읍지 환도성

"임금이 형수를 왕비로 맞아들였대."
"형제간에 전쟁을 해서 왕이 되다니, 그렇게도 왕이 되고 싶었을까?"
"자기 형도 죽였으니 무슨 짓을 또 저지를지 몰라."
고구려의 도읍지 위나암의 백성들은 산상왕에 대해서 이렇게 쑥덕거렸다. 이는 신하들도 마찬가지였다. 산상왕은 백성과 신하들이 자신을 곱지 않게 보고 있다는 것을 잘 알고 있었다.
산상왕의 근심은 이뿐만이 아니었다.
"우리 가문이 왕을 세웠으니 이제 온 세상이 우리 것이다."
"선왕 시절에 우리가 고생을 좀 했지만 이렇게 다시 일어설 줄 알았다."
우왕후 가문 사람들은 이렇게 말하면서 거드름을 피웠다. 산상왕은 우왕후에 의해 왕이 되었기 때문에 외척 세력에게 기를 펴지 못했다.
한편 이즈음 중국 대륙에서는 커다란 정치적 소용돌이가 몰아치고 있었다. 한나라가 무너지고 여러 곳에서 세력이 일어나 다투고 있었다. 먼저 대륙 북쪽에서는 조조가 최대 세력이 되어 나중에 위나라를 세우고, 남쪽에서는 손권이 양자 강 하류를 차지했다. 또한 서쪽에서는 유비가 큰 세력으로 떠올랐으니, 바야흐로 삼국시대를 향해 가고 있었다.
이들은 서로 세력을 다투고 있었는데 고구려 국상인 을파소는 이러한 사태를 가볍게 보지 않았다. 그는 중국 대륙이 혼란스러운 때를 기회로 삼아 고구려의 영토를 넓혀야 한다고 생각했다.

그리하여 어느 날 산상왕 앞에 나아가 말했다.

"폐하, 지금 대륙에서는 한나라가 무너지고 여러 세력이 어지럽게 다투고 있습니다."

"과인도 알고 있소. 이러한 때 우리는 어떻게 해야 하겠소?"

그러자 을파소가 미리 생각해 온 것을 말했다.

"도읍을 옮기시옵소서."

"도읍을?"

도읍을 옮기는 것은 나라를 운영하는 데 가장 중요한 일이었다. 나라의 중심지가 바뀌고 국가 목표가 변하기 때문에 반대하는 사람이 많을 수 있었다. 그래서 왕이라 할지라도 도읍을 옮기는 일은 쉽게 할 수 없었다.

하지만 산상왕은 을파소의 말에 큰 관심을 보이며 물었다.

"도읍을 옮기는 것이 우리에게 어떤 이득이 되오?"

을파소는 거침없이 대답했다.

"도읍을 북방으로 옮겨 대륙으로 영토를 넓힐 때입니다."

"한나라가 무너진 지금이 기회라는 말인데, 그렇다면 어디로 옮기는 것이 좋소?"

"환도성이 알맞을 것으로 생각됩니다."

"환도성?"

"그렇습니다. 그곳으로 도읍을 옮겨 대륙 세력이 고구려를 넘보지 못하도록 미리 막고 기회를 엿보다가 영토를 넓혀야 합니다."

 을파소는 이렇게 국제적인 흐름을 보면서 도읍을 옮길 것을 제안했고 산상왕은 이를 받아들였다.

 하지만 산상왕이 을파소의 생각에 동의한 것은 이 때문만은 아니었다.

 '위나암 백성들이 나를 곱지 않게 보고 있어 불편하기 짝이 없다. 또한 위나암에는 외척 세력이 활개를 치고 있으니 왕에게 힘이 생기지 않는다. 도읍을 옮겨 왕실의 권위를 새로 세워야겠다.'

 이렇게 생각한 산상왕은 198년 2월 환도성에 성을 쌓으라고 명령했다. 위나암에서 옮겨 가기 위한 준비였다.

 하지만 산상왕이 환도성으로 도읍을 옮긴 것은 이로부터 거의 10년이나 지난 209년이었다. 위나암의 외척 세력이 도읍을 옮기는 것을 반대했을 뿐만 아니라 203년에는 산상왕을 받쳐 주던 을파소까지 죽었기 때문이다.

 그런데도 도읍 옮기는 것을 포기하지 않았던 산상왕은 209년이 되어서야 그 일을 이룰 수 있었다. 209년에 자신의 왕위를 이을 왕자가 태어나면서 권력이 강해졌기 때문이다. 또한 처음에는 왕을 곱지 않게 보던 백성들도 시간이 지나면서 사그라져 산상왕은 10년 동안 계획해 온 일을 마침내 이루게 된 것이다.

 고구려가 도읍을 옮기자 217년에는 중국의 하요가 수천 명의 백성을 이끌고 고구려에 귀순했다. 이는 고구려 세력을 대

환도산성

국내성 가까이에 있는 환도산성으로 여겨지는 곳이다. 하지만 정확한 사실을 파악하기는 어렵다.

중국 길림성 집안시

륙 쪽으로 더 멀리 뻗치는 계기가 되었다.

하지만 산상왕은 섣부르게 영토 넓히는 일에 나서지 않았다. 어지러운 중국의 상황을 지켜보면서 고구려의 안정을 꾀하는 데 힘을 쏟았다.

그렇다면 과연 고구려가 도읍지로 삼은 환도성은 어디에 있었을까?

이에 대해서는 학자들마다 다양한 의견을 내놓고 있다. 어떤 학자들은 압록강에서 멀지 않은 집안(국내성) 가까이라고 하고, 어떤 학자들은 국내성이 환도성이라고도 한다.

하지만 중국의 《요사》라는 역사책에는 환도성이 위나암성으로부터 '서남쪽 200여 리에 있다.'라고 쓰여 있다. 이렇게 보면 고구려는 산동 반도 아래쪽까지 영토를 넓히고, 화북 평원의

고구려사 이야기

제10대 산상왕 가계도

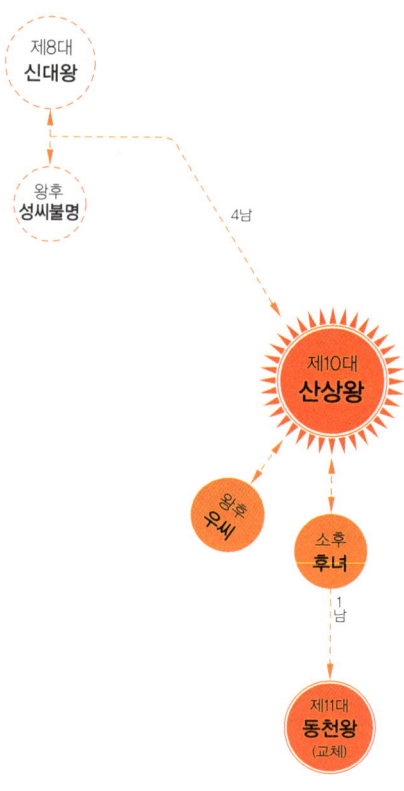

곡창 지대와 중국 대륙의 해안 지역을 얻으려 했다고 할 수 있다.

하지만 아직까지 정확한 사실은 밝혀지지 않았다. 다만 환도성이 어디 있었는지에 따라 고구려의 힘이 미치던 범위가 크게 달라지기 때문에 이는 가볍게 지나칠 수 없는 문제다.

고구려 역사에는 이처럼 도읍의 위치가 어디인가에 대해 여러 가지 주장이 쏟아진다. 나중에 고구려의 도읍지로 나오는 '평양'에 대해서도 마찬가지다. 이를 지금의 평양으로 보면 고구려의 활동 무대는 한반도가 되지만, 다른 곳으로 보면 활동 무대가 크게 달라지기도 한다.

따라서 고구려 역사를 볼 때는 단순히 지금의 지역 이름에 얽매이지 말고 당시의 상황과 다양한 역사 기록을 통해 좀 더 넓은 시야에서 봐야 한다.

제11대 동천왕실록

무리하게 싸우다 실패한
동천왕

우왕후에게 괴롭힘을 당한 어린 왕자 교체

'나에게 아들이 없으니 앞으로 누구에게 왕위를 물려준단 말인가?'

이런 걱정에 빠진 사람은 산상왕이었다. 산상왕은 고국천왕의 왕비였던 우왕후를 왕비로 맞아들였는데, 이때 우왕후는 이미 나이가 들어 아이를 낳을 수 없었다. 이런 경우 대부분의 왕은 후궁을 맞아들이지만 산상왕은 우왕후의 눈치를 보는 처지라서 그러기도 쉽지 않았다.

그래서 산상왕은 꾀를 냈다.

208년 11월 어느 날, 산상왕은 충성스러운 신하를 불러서 말했다.

"나에게 왕자를 낳아 줄 여인이 필요하다는 것은 너도 잘 알

 동천왕시대의 세계 약사

중국에서는 위·촉·오의 삼국이 세력 다툼을 벌이고 있었다. 그런 가운데 위가 북방으로 나아가 공손씨의 연을 멸망시키고, 고구려와 패권을 다투었다. 또한 오는 남방으로 세력을 넓혔고, 촉은 서방으로 세력을 넓혔다.
서양에서는 로마가 또다시 페르시아와 전쟁을 치렀고, 페르시아는 조로아스터교를 국교로 삼았다. 로마의 세베루스 황제가 세상을 떠나고 막시미누스 트라쿠스가 제위에 오르면서 로마는 군인 황제 시대를 맞이했다.

것이다. 하지만 내 마음대로 후궁을 맞아들이기 힘드니 꾀를 좀 써야겠다. 네가 나를 도울 수 있겠느냐?"

"무슨 명령이든지 따르겠습니다."

"며칠 있으면 하늘에 제사 지내는 날이 된다. 그때 제사에 쓸 돼지를 일부러 풀어 주도록 해라. 그리고 돼지를 쫓아가 돼지가 있는 곳에서 적당한 여인을 찾아내도록 해라."

"잘 알겠습니다."

고구려에서는 하늘에 제사 지내면서 돼지를 제물로 썼다. 만약 그 돼지로 여인과 인연을 맺게 되면 이는 하늘의 뜻으로 여겨 누구도 감히 뭐라고 하지 못했다.

산상왕은 우왕후와 외척 세력이 시비를 걸지 못하도록 제사에 쓸 돼지를 이용하기로 한 것이다.

이윽고 하늘에 제사 지내는 날이 되자, 산상왕의 비밀스러운 명령을 받은 신하는 돼지를 놓치는 척하며 풀어 주었다. 그리고 쏜살같이 도망치는 돼지를 잡으러 뒤쫓았다. 돼지는 어느 마을에 들어가서 날뛰며 돌아다녔는데, 신하들은 이 돼지를 쉽게 잡지 못했다.

이때 스무 살가량의 아름다운 처녀가 나타나 돼지를 잡아 주었다.

신하들은 이 사실을 곧 산상왕에게 알렸다.

"하늘에 바칠 돼지를 잡은 여인이 누구인지 내가 직접 보아야겠다. 그 여자가 사는 마을로 안내하도록 하라."

산상왕은 신하 몇 명만 데리고 조용히 그 여자를 찾아갔다.

여자를 만난 산상왕이 말했다.

"그대가 제사에 쓸 돼지를 잡아 준 여인인가?"

"그러하옵니다."

"그 돼지는 하늘의 뜻을 그대에게 전해 준 것이다. 그대는 나를 받들도록 하라."

그러자 여자가 말했다.

"제가 어찌 하늘의 뜻을 따르지 않겠습니까? 다만 제가 아이를 갖게 되면 버리지 않는다고 약속해 주십시오."

"물론이다. 네가 만약 아이를 갖게 되면 그 아이는 하늘이 내려준 아이이니 귀하게 여길 것이다."

그리하여 산상왕은 여자와 하루를 보내고 아침이 오기 전에 조용히 궁궐로 돌아갔다.

하지만 이 사실을 다음 해 3월 우왕후가 알게 되었다.

"어찌 폐하께서는 나를 속이고 다른 여인을 품에 안았단 말인가? 내가 그 여자를 반드시 죽여 버릴 것이다. 여봐라, 당장 군사를 보내 그 여자를 저세상으로 보내도록 해라."

우왕후가 자신을 죽이러 군사를 보냈다는 소식을 들은 여자는 남자처럼 꾸미고 도망가려 했다. 하지만 도망가는 길에 군사들에게 붙잡히고 말았다.

군사들은 우왕후의 명령대로 단숨에 여인의 목을 베려 했다. 그러자 여인이 소리쳤다.

"너희들이 지금 나를 죽이려 하는 것은 폐하의 명령이냐, 아니면 왕후의 명령이냐? 지금 내 뱃속에는 폐하의 아이가 자라고 있다. 나를 죽이는 것은 좋으나 아이마저 죽인다면 너희들은 죽음을 면치 못할 것이다."

갑작스런 여자의 불호령에 군사들은 깜짝 놀라 뒤로 물러섰다. 뱃속에 아이가 있다는 말에 그들은 여자를 어찌하지 못하고 우왕후에게 돌아갔다.

그러나 우왕후는 더욱 화를 내며 말했다.

"그 여자가 왕자를 낳으면 더욱 큰일이 아니냐? 다시 돌아가 죽이도록 하라."

이러한 우왕후의 명령을 막은 것은 산상왕이었다. 산상왕은 군사들을 불러 말했다.

"그 여인이 아이를 가졌다면 절대로 죽여서는 안 된다. 너희는 이 길로 달려가 그 여인을 내게 데려오도록 해라."

이리하여 여인은 죽음을 면하고 산상왕 앞에 불려 왔다. 산상왕이 물었다.

"네 뱃속에 있는 아이가 내 아이가 확실한가?"

"그러하옵니다. 저는 형제와도 한방에서 자는 일이 없는데, 어찌 다른 남자와 잠자리를 같이 했겠습니까? 제게 아이를 갖게 한 분은 오직 폐하뿐입니다."

산상왕은 이 말을 듣고 크게 기뻐했다.

1. 동천왕 (209~248)

고구려 제11대 왕(재위 기간 227~248)으로 산상왕의 맏아들이며, 이름은 교체 또는 우위거다.

여인은 그해 9월에 아들을 낳았으니, 산상왕은 아이의 이름을 '교체'라고 지었다.

교체는 다섯 살이 되던 213년에 태자가 되었다. 우왕후와 외척 세력은 왕권을 쥐고 흔들 욕심으로 이를 반대했지만 산상왕은 아랑곳하지 않고 밀어붙였다. 교체를 왕으로 만드는 것은 산상왕 자신을 지키는 일인 동시에 외척 세력으로부터 왕실을 지키는 일이었다.

우왕후는 교체를 몹시 미워했다.

'저놈은 내 아들이 아니니 왕이 되면 분명히 나를 업신여길 것이다. 저놈만 아니면 우리 가문이 왕실을 손아귀에 넣었을 것인데, 정말 분하구나.'

우왕후는 이런 마음으로 어린 교체를 툭하면 매로 때리고 괴롭혔다. 교체는 그런 환경 속에서도 참을성 강한 사람으로 커서 227년 마침내 왕위에 올랐다. 그가 바로 고구려 제11대 동천왕이다.

하지만 우왕후의 괴롭힘은 멈추지 않았다. 신하로 하여금 동천왕의 옷에 국을 엎지르게 하고 심지어 왕이 타고 다니는 말의 갈기를 칼로 잘라 놓기도 했다. 왕의 말에 칼을 댄다는 것은 보통 죄가 아니었다.

그런데도 동천왕은 갈기가 모두 잘린 말을 보고 그저 한마디밖에 하지 않았다.

"말이 갈기가 없으니 불쌍하구나."

우왕후는 죽을 때까지 동천왕을 괴롭혔다. 하지만 동천왕은 단 한 번도 화를 내거나 우왕후와 다투지 않았다. 사람들은 이런 동천왕을 보면서 너그러운 성품을 칭송했다. 사실 동천왕은 이 너그러움을 바탕으로 고구려를 강하게 이끄는 왕이 될 수 있었다.

중국의 혼란과 동천왕의 꿈

동천왕은 어릴 때부터 산상왕의 왕비 우씨에게 괴롭힘을 당했지만 우씨에게 화를 내거나 다투지 않았다. 이는 우씨 가문, 다시 말해 외척 세력을 대할 때도 마찬가지였다. 외척 세력은 동천왕이 태자가 될 때부터 반대했는데도 동천왕은 이들을 감싸 안았다.

"연나부의 명림어수를 국상에 임명하노라."

230년 7월 동천왕은 외척 세력인 연나부의 명림어수를 신하 가운데 최고 벼슬인 국상에 임명했다. 동천왕이 이들에게 큰 벼슬을 준 것은 외척 세력과 다투지 않겠다는 뜻이었다.

그러자 신하들과 백성 사이에는 왕을 칭송하는 목소리가 높아졌다.

"임금께서는 그렇게 괴롭힘을 당했는데도 우씨 가문을 크게 대접하고 있으니, 이처럼 너그러울 데가 있을까?"

"우리 임금은 진심으로 신하들과 하나로 힘을 모으려 하는 것 같아."

"이제 왕실에서 피바람 부는 일이 없으니 세상이 편안하구나."

물론 동천왕이 연나부의 외척 세력을 끌어안은 것은 그만큼 외척 세력의 힘이 강했기 때문이다. 사실 이름 없는 가문의 여인에게서 태어난 동천왕은 달리 기댈 곳이 없어서 연나부 사람들과 등지고 싸우면 힘겨울 수밖에 없었다.

하지만 동천왕이 너그러운 화합 정치를 펼친 것은 그 이유 때문만은 아니었다. 동천왕의 꿈은 아주 컸다.

"한나라가 망하고 중국 대륙이 혼란에 휩싸였으니 우리나라가 옛 땅을 되찾고 힘을 떨칠 기회다."

당시 중국 대륙에서는 한나라가 망하고 위나라[2], 오나라[3], 촉나라[4]가 다투는 삼국시대가 펼쳐지고 있었다.

삼국의 왕들은 모두 스스로 황제라고 부르면서 중국 통일을 꿈꾸고 있었다. 동천왕은 세 나라의 다툼을 주의 깊게 지켜보면서 대륙의 땅을 차지할 기회를 엿보고 있었다.

서로 세력을 다투던 위, 촉, 오의 세 나라는 북방의 강한 나라인 고구려를 자기편으로 만들기 위해 노력했다. 이 가운데에서 촉나라는 고구려와 멀리 떨어져 있어 별 상관이 없었지만 위나라와 오나라는 고구려를 서로 자기편으로 만들려고 했다.

이때 동천왕은 신하들을 불러 모아 의논했다.

---

2. 위나라 (220~265)
한나라가 망하면서 조조가 세운 나라다.

3. 오나라 (222~280)
한나라가 망하면서 손권이 세운 나라다.

4. 촉나라 (221~263)
한나라가 망하면서 유비가 세운 나라다.

"지금 위나라와 오나라가 서로 우리와 손을 잡기 위해 안달하고 있다. 우리는 누구와 손을 잡아야 하는가?"

그러자 신하들이 대답했다.

"아무래도 대륙의 세 나라 가운데에서 위나라가 가장 강해 곧 중국을 통일할 것 같습니다. 그러니 우리는 먼저 위나라와 손을 잡아야 합니다."

동천왕이 말했다.

"내 생각도 그러하다. 오나라는 어차피 위나라보다 멀리 떨어져 있으니 얻을 이익이 별로 없다. 위나라를 도와주면 그 대가로 북방의 땅을 요구할 수 있을 것이다."

고구려는 234년 위나라 사신이 와서 손을 잡자고 하자 이를 받아들였다.

이 소식을 듣고 크게 당황한 것은 오나라의 왕, 손권이었다. 손권은 신하들을 불러 모아 말했다.

"고구려가 위나라 사신을 맞아서 외교를 맺었다고 하니, 큰일이 아닌가?"

그러자 신하들이 말했다.

"그렇습니다. 고구려 수군이 강하니 그들이 위나라를 도와 바다에서 우리를 공격하면 꼼짝없이 당할 것입니다."

"큰일이다. 고구려를 우리 편으로 만들지 않으면 위나라를 이길 수 없다. 당장 사신을 보내 고구려에 외교를 요청하라."

오나라에서는 236년 고구려에 사신을 보내왔다. 하지만 고구려에서는 이미 위나라와 손을 잡기로 결정했기 때문에 오나라 사신의 요청을 거부하고 그를 그냥 붙잡아 두었다.

　이 소식을 들은 위나라에서는 오나라 사신을 자신들에게 넘겨 달라고 했다.

　동천왕은 이를 두고 신하들과 의논했다.

　"지금 위나라가 오나라 사신을 넘겨 달라고 하는데, 어찌했으면 좋겠느냐?"

　신하들이 대답했다.

　"우리는 위나라와 손을 잡기로 했으니 오나라 사신을 넘겨주는 것이 좋지 않겠습니까?"

　동천왕이 말했다.

　"하지만 오나라 사신을 그냥 위나라에 보내면 위나라는 그를 통해 온갖 정보를 갖게 될 것이고, 이는 오나라에게 치명적인 일이다. 우리가 오나라의 원망을 받아서 좋을 일이 있겠느냐?"

　신하들이 말했다.

　"그렇다면 오나라 사신의 목을 베어 위나라에 보내는 것이 어떻겠습니까? 그러면 위나라와 손을 잡은 의리도 지키고 오나라에게도 큰 원망을 받는 일은 피할 수 있지 않겠습니까?"

　"그렇게 하면 되겠구나. 여봐라, 오나라 사신의 목을 베어 위나라에 보내도록 하라."

　이리하여 고구려는 위나라와의 외교 관계를 지키고 오나라와 외교를 맺지 않았다. 그 뒤 고구려와 위나라는 서로 사이좋게 지냈지만 그 평화는 오래가지 않았다.

　238년 위나라는 하북성과 산동성 지역에 공손연이 세운 연나라를 공격했다. 연나라는 바로 고구려와 접한 땅이었다. 고구려는 연나라를 공격하는 위나라를 돕기 위해 군사 1,000명을 보냈다. 하지만 단순히 돕기만 한 것은 아니었다.

동천왕은 위나라를 돕기 위해 떠나는 장수들을 불러 말했다.

"지금 위나라가 차지하려고 하는 연나라 땅은 바로 우리 선조들의 옛 땅이다. 우리가 군사를 보내 위나라를 돕는 것은 이 땅을 우리가 차지해야 하기 때문이다. 너희들은 이를 잘 알고 행동해라. 또한 이 기회에 위나라 군대의 속사정을 자세히 살피고 돌아오도록 해라. 결국 그들은 우리와 다투게 될 것이다."

고구려 군대는 위나라 군대와 함께 연나라를 공격해 무너뜨렸다. 옛 영토를 찾으려는 동천왕의 꿈은 이때부터 본격적으로 펼쳐졌다.

하지만 위나라가 이를 그대로 두고 볼 리 없었으니, 결국 위나라와 고구려의 대결이 시작되었다.

위나라와 고구려의 한판 대결

"먼저 요동 땅을 차지하도록 하라."

연나라가 무너지자 동천왕은 먼저 요동을 노렸다. 이때 위나라는 촉나라, 오나라 등과 다투느라 바빴기 때문에 고구려의 움직임을 막을 틈이 없었다.

"현도성을 공격해 점령하도록 하라."

현도성은 고조선의 옛 땅이었다. 고구려 제6대 태조왕이 그

5. 관구검 (?~255)
중국 위나라의 장수다. 246년에 대군을 이끌고 고구려를 쳐들어가 환도성을 무너뜨렸다.

렇게도 차지하고 싶어 했으나 얻지 못한 땅이었다.

동천왕은 중국이 혼란스러운 틈을 타서 현도성을 차지했다.

"이제 하수(황하)를 넘어 앞으로 나아가라."

동천왕은 요동과 현도를 차지하자 이번에는 황하를 넘어 산동 반도 아래쪽까지 넘보았다. 그리고 242년에 산동 반도 아래에 있는 동해국을 차지했으니, 이로써 태조왕 시절의 고구려 영토를 대부분 되찾았다.

그러자 고구려 사람들은 동천왕을 가리켜 이렇게 말했다.

"태조왕께서 다시 나타나셨다."

태조왕은 고구려의 힘을 가장 크게 떨친 왕으로서 고구려 백성들에게는 최고 왕이었다. 사람들은 동천왕을 이런 태조왕과 닮았다고 칭송한 것이다.

이런 고구려를 보며 위나라는 불안감에 휩싸였다.

"고구려가 요동과 현도에 이어 동해국까지 차지했으니 나중에는 온 세상을 모두 차지하겠다고 할 것이 아닌가?"

"이대로 가면 적어도 하수 위쪽은 완전히 고구려가 차지할 것이다."

"과연 천하의 주인이 위나라인가, 고구려인가?"

이때 고구려와 주로 맞섰던 위나라 장수는 관구검[5]이었다. 그는 위나라 최고 장수로 유주 지역을 다스리고 있었다. 관구검은 고구려에게 239년 이후 계속 지면서 요동과 현도를 빼앗기고 발해만 가까이에서도 완전히 밀려났다.

"이대로 고구려에 당하기만 할 수는 없다. 아무래도 부여에

도움을 요청해야겠다."

관구검은 245년 현도 태수 왕기를 불러 말했다.

"고구려의 기세를 꺾기 위해서는 부여와 힘을 모아 뒤를 쳐야겠습니다. 부여로 가서 도움을 요청하고 뒤에서 고구려를 치십시오. 그때 저는 고구려의 앞을 치겠습니다."

그리하여 왕기는 부여로 가서 도와 달라고 부탁했다. 부여 왕은 신하들의 반대에도 불구하고 위나라를 돕기로 했다. 왕기는 자신의 군사와 부여 군사를 이끌고 고구려의 뒤를 치려고 했다.

하지만 그곳은 산악 지대여서 지형이 여간 험악하지 않았다. 왕기는 낯설고 험한 땅에서 고생만 하다가 고구려 땅에 이르지도 못했다.

사실 고구려가 위나라와 싸워 계속 이긴 데에는 지형 덕이 컸다.

"위나라 군사들은 요동과 근처 땅을 잘 알지 못한다. 우리는 오래전부터 이곳에서 살았으며 전투를 많이 해 보았으니, 지형을 이용해 싸우도록 하라."

동천왕은 군사들에게 늘 이렇게 말하며 싸우게 했다. 그래서 위나라 군대에게 계속 이길 수 있었다.

관구검은 부여의 도움을 받아 고구려의 뒤를 치려던 작전까지 빗나가자 큰 위기감을 느꼈다. 그는 위나라 최고 권력자 사마의를 찾아가 말했다.

"지금 고구려의 기세를 꺾지 않으면 고구려에게 천하의 주인

자리를 빼앗길 것입니다. 우리가 비록 지금 촉, 오와 더불어 천하를 다투고 있지만 지금은 고구려와의 전쟁에 모든 힘을 기울일 때입니다."

그러자 사마의가 말했다.

"고구려가 무서운 기세로 밀고 내려오는 것은 나도 잘 알고 있소. 지난 전투의 결과를 보건대, 그들을 얕잡아 보아서는 안 되겠소. 장군에게 정예 병사 1만 명을 줄 테니 고구려가 차지한 현도성을 공격하도록 하시오."

246년 8월, 관구검은 위나라의 중앙 군사 1만 명과 자신의 군사들을 모조리 끌어 모아 수만 명의 군사를 준비했다. 그리고 마침내 고구려를 총공격했다. 그 이전까지는 위나라가 온 힘을 다해 싸우지 않았지만, 이번에는 큰 결심을 하고 총공격에 나선 것이었다.

동천왕은 관구검이 총공격에 나섰다는 말을 듣고 신하들을 불러 모았다.

"위나라가 큰 위기감을 느낀 모양이다. 이제 총공격에 나선다는데 어찌해야 하겠는가?"

그러자 신하들이 대답했다.

"지금 우리 군사는 계속된 승리로 사기가 하늘을 찌를 듯하니 이번 싸움에서도 반드시 이길 것입니다. 걱정 말고 위나라 군대를 현도성에서 물리치면 됩니다."

동천왕이 말했다.

"아니다. 그들의 군사는 수만 명이고 현도성의 우리 군사는 수천 명이다. 수적으로 상대가 안 된다. 또한 부여가 우리의 뒤를 위협하고 있으니 조금이라도 불리한 싸움을 해서는 안 된다. 일단 현도성에서 군사를 빼고 위나라 군사를 비류수까지 끌어들여 유리한 지형에서 공격해야 한다."

고구려 군사는 현도성에서 물러나 위나라 군대를 비류수 쪽으로 끌어들였다. 마치 약이라도 올리듯이 단지 수천 명의 군사만 길목에 숨겨 두고 기습했다.

고구려의 기습을 당하면서 피해를 입은 위나라 군대는 약이 바짝 올라 고구려 군을 뒤쫓았다. 그리고 마침내 비류수 가까이에 이르렀다.

"비류수는 적들에게 낯선 땅이다. 내가 직접 정예 병사 2만 명을 이끌고 비류수에서 그들과 대결하리라."

동천왕은 이렇게 말하며 직접 2만 명의 기마 군대를 이끌고 위나라 군대를 공격했다. 수천 명의 고구려 군에 기습당하며 약이 오른 채 쫓아오던 위나라 군대는 갑자기 나타난 2만 명의 정예 군대 앞에서 당황하며 무너졌다.

동천왕은 비류수 전투에서 위나라 군사 3,000명의 목을 베는 데 성공했다. 또한 비류수에서 100여 리 떨어진 양맥에서 다시 싸움을 벌여 군사 3,000명의 목을 베었다.

야심차게 총공격을 시도했던 관구검은 크게 당황했다.

"순식간에 6,000명의 군사를 잃었구나. 내 삶에서 가장 끔찍한 패배로다. 일단 후퇴할 수밖에 없구나."

관구검은 다급하게 병사들을 후퇴시켰다. 동천왕은 이 기회를 놓치지 않으려고 수만 명의 군사를 동원해 관구검의 주력 부대를 공격했다. 관구검의 군대는 제대로 싸워 보지도 못하고 진 채 계속 뒤로 물러날 수밖에 없었다.

"섣불리 고구려 군대와 싸우지 마라. 일단 온 힘을 기울여 막아 내면서 고구려 군이 힘이 빠질 때까지 기다리기로 한다."

위나라 군대는 비록 두 번이나 큰 전투에서 고구려에 지고 물러났지만, 그들은 위나라에서 가장 강한 병력이었다. 관구검은 주력 부대를 잃지 않고 방어 자세에 들어갔다.

하지만 동천왕은 비류수 전투에서 이기고 곧이어 관구검의 주력 부대까지 밀어내자 자신감이 넘쳤다. 그래서 무리하게 위나라 군대를 계속 몰아붙였으니, 이 때문에 큰 불행을 맞게 되었다.

위기에 몰린 동천왕과 불타는 환도성

관구검은 역시 위나라 최고의 장수였다. 그는 큰 전투에서 두 번 졌지만 주력 부대를 잘 지키고 기회를 노렸다.

"승리에 취한 고구려 군대는 계속 밀어붙이다가 힘이 빠질 것이다. 그때 우리에게 기회가 올 것이다."

이때 동천왕은 위나라 군대가 큰 피해를 입고 도망가는 것으로 생각했다.

"이미 승리는 우리에게 기울었다. 관구검의 주력 부대만 무찌르면 다시는 우리에게 도전할 생각을 품지 못할 것이다. 이 기회를 놓치지 말고 계속 몰아쳐라."

하지만 관구검의 주력 부대는 쉽게 무너지지 않았다. 그들은 성안에 들어앉아 튼튼한 방어전을 펼쳤다. 그리고 고구려 군사들이 지치기를 기다렸다.

계속된 공격에도 꿋꿋이 버티는 관구검의 주력 부대를 보며 동천왕은 비로소 그의 속셈을 알아차렸다.

"관구검의 주력 부대가 무너지지 않았으니 지금 힘을 빼고 있는 것은 우리 군사들이 아닌가? 만약 관구검이 이를 노리고 일부러 방어전을 펼쳤다면 우리가 위험하다. 당장 군사를 후퇴시키도록 하라."

하지만 때는 이미 늦었다. 신나게 공격하던 고구려 군사들은 별다른 성과를 거두지 못하고 많이 지쳐 있었다. 동천왕은 이들을 데리고 뒤늦게나마 후퇴하려 했지만 관구검이 이를 그냥 둘 리 없었다.

"고구려 군이 물러날 길목을 막고 포위 공격해라."

이 포위 공격으로 고구려는 1만 명 가까이 되는 군사를 잃었다. 동천왕은 겨우 1,000여 명의 군사들만 데리고 가까스로 탈출하는 데 성공했을 뿐이다.

관구검은 이 기회를 놓치지 않았다.

"지금이야말로 총공격할 때다. 왕기 장군은 도망가는 동천왕을 뒤쫓고 나머지 군사는 나와 함께 고구려의 도읍지, 환도성으로 나아간다."

관구검은 현도 태수 왕기로 하여금 동천왕을 뒤쫓게 했으니, 동천왕은 그저 멀리 달아나는 수밖에 없었다.

"환도성에는 지금 군사가 없다. 환도성을 불태우고 고구려 놈들을 모조리 죽여 버려라."

관구검은 동천왕이 도망가기 바쁜 사이에 직접 고구려의 도읍지, 환도성으로 쳐들어가 닥치는 대로 불태우고 고구려 백성을 무참하게 죽였다.

도읍지가 폐허가 된 고구려는 이제 동천왕까지 붙잡혀 죽게 된다면 단숨에 나라가 무너질 판국이었다.

그러자 동천왕은 장수 밀우를 불러 말했다.

"지금은 내가 이끄는 군사들이 살아남아야만 반격할 수 있다. 너는 우리를 뒤쫓아 오는 위나라 군대를 길목에서 기다렸다가 공격해 추격을 늦추도록 해라."

밀우가 비장하게 대답했다.

"폐하, 제 목숨을 바쳐 폐하를 지킬 것이오니 부디 안전한 곳으로 피하시옵소서."

밀우는 뒤쫓아 오는 왕기의 군대를 길목에서 습격하는 데 성공했다. 하지만 추격은 늦추었다 하더라도 밀우와 그의 군사들은 왕기 군사들에게 몰살을 당할 판이었다.

"폐하, 밀우 장군이 습격에 성공했지만 빠져나오는 데 실패했습니다. 밀우 장군이 곧 죽게 되었습니다."

동천왕은 한숨을 쉬며 말했다.

"내가 한순간에 판단을 잘못해 백성과 충성스런 신하들을 죽게 만드는구나. 내 어찌 밀우가 죽도록 내버려 둘 수 있겠느냐? 지금 즉시 장수 유옥구는 밀우를 구하러 가라."

다행히 유옥구의 활약으로 밀우를 구할 수 있었다. 하지만 위나라 군대의 추격은 다시 계속되었다. 동천왕과 고구려 군사는 바닷가에 닿아 있는 옥저 땅에 이르러 더 이상 도망갈 곳이 없었다. 곧 위나라 군사들이 들이닥치면 모두 죽을 위기였다.

이때 장수 유유가 동천왕 앞에 나아가 말했다.

"폐하, 이대로 있다가는 모조리 죽음을 당할 수밖에 없습니다. 적들에게 속임수를 써서라도 위기를 벗어나야 합니다."

"속임수라니? 그들을 어떻게 속인단 말이냐?"

"비록 수치스러운 일이기는 하지만 가짜로 항복하는 것입니다. 제가 위나라 장수에게 찾아가 항복의 뜻을 전하며 기회를 엿보다가 그를 죽이겠습니다. 장수를 잃으면 위나라 군사들은 혼란에 빠질 테니 그때 폐하께서는 공격하시옵소서."

그러자 동천왕이 슬픈 목소리로 말했다.

"유유야, 그것은 네 목숨을 버리겠다는 뜻이 아니냐? 이렇게까지 해야만 살아남을 수 있다는 것이 너무나도 부끄럽구나."

동천왕은 눈물을 흘리며 유유의 계획을 허락해 주었다. 유유는 그길로 군사 몇몇을 데리고 위나라 장수를 찾아갔다. 이때 위나라 장수를 속이기 위해 항복의 뜻으로 급하게 음식까지 만들어서 가지고 갔다.

위나라 장수를 만난 유유가 말했다.

"장군, 우리 임금이 항복하기로 했습니다. 그 뜻으로 이렇게 음식까지 가져왔으니 부디 장군께서는 너그러이 항복을 받아 주십시오."

마침 그때 위나라 장수와 군사들도 먼 길을 뒤쫓아 오느라 몹시 지쳐 있었다. 그런 때 고구려 왕이 항복하겠다는 뜻을 전하자 그는 긴장을 풀고 웃으며 말했다.

"너희 임금이 그나마 현명한 데가 있구나. 쓸데없이 저항하지 않고 항복하겠다니 그 뜻을 받아들이겠다."

그는 유유가 가져온 음식을 맛보며 만족스럽게 웃었다. 그때 유유는 항복 문서를 전하면서 품속에 숨겨 둔 칼을 꺼내 눈 깜짝할 사이에 위나라 장수의 목을 찔러 죽였다.

"아니! 이놈이 무슨 짓이냐?"

놀란 위나라 군사들은 곧 유유에게 달려들어 그의 몸을 난도

삼실총 전투도
고구려 군사가 말을 타고 전투를 벌이는 모습이다.
중국 길림성 집안시

질했다.

동천왕은 유유가 위나라 장수를 죽이는 데 성공했다는 소식을 듣고 군사들을 불러 모아 말했다.

"지금 위나라 군대는 우두머리를 잃고 헤매고 있다. 그들은 이미 몹시 지쳤으니 이제 우리가 공격할 때다. 죽을힘을 다해 그들에게 본때를 보여 주자."

동천왕은 뒤쫓아 오던 위나라 군사들을 단숨에 무찔렀다. 그리고 이에 멈추지 않고 환도성과 고구려에 들어와 백성을 죽이고 궁궐을 불태우던 관구검 군대를 향해 앞으로 나아갔다.

동천왕이 반격에 나섰다는 소식이 퍼지자 나라 곳곳에 흩어져 있던 고구려 군사들이 다시 몰려들었다. 또한 산속에 숨어 있던 백성들도 마을로 내려와 곳곳에서 위나라 군대를 몰아내기 시작했다.

이렇게 되자 관구검은 생각에 잠겼다.

'나는 동천왕처럼 무리하게 공격을 계속하다가 위험에 빠지는 어리석음을 보이지 않을 것이다. 이 정도면 고구려에 큰 피해를 주었으니 이제 후퇴해야겠다. 비록 여기까지 쳐들어오는 데 성공했지만 고구려 군사들을 얕보다가는 큰일을 당할 것이다.'

관구검은 위나라 군대를 빠르게 후퇴시켰다. 동천왕은 군사들로 하여금 위나라 군대를 뒤쫓게 했지만 따라잡지 못했다. 위나라와 고구려의 전쟁은 이렇게 끝났다.

새로운 도읍지 평양성

전쟁은 끝났지만 동천왕은 환도성의 궁궐로 돌아갈 수 없었다. 환도성이 불타 잿더미가 되었기 때문이다.

"환도성이 불타 버렸으니 당분간 평양성에 머물러야겠다."

동천왕은 불탄 환도성 대신 평양성을 임시 도읍지로 삼아 머무르기로 했다.

그런데 평양성의 위치는 어디였을까? 이는 사실 역사의 큰 수수께끼로 남아있다.

동천왕이 평양성에 머무른 것은 환도성에서 가까웠기 때문이다. 환도성의 궁궐을 다시 짓기 위해 임시로 머물렀던 것이다.

그런데 만약 이때의 평양이 지금 평안도에 있는 평양이라면 고구려의 도읍지 환도성은 평안도에서 매우 가까운 곳이 된다. 그렇게 되면 고구려 영토가 크게 줄어든다.

이에 대해 조선시대의 실학자 박지원은 다음과 같이 말했다.

"이 때문에 조선의 강토는 싸우지도 않고 저절로 줄어들었던 것이다. 아아, 도대체 무슨 까닭으로 이 같은 짓을 하는가!"

이렇게 되면 고구려뿐만 아니라 고조선의 영토도 줄어들게 되는 것이다.

《삼국사기》에는 동천왕이 머무른 평양이 고조선의 도읍지, 왕검성이라고 쓰여 있다. 만약 왕검성이 지금의 평안도 평양이라면 고조선도 지금의 평양을 중심으로 한 나라인 셈이 된다. 그러면 현도와 요동을 넘어 중국 대륙과 중국의 동해 해안에까지 이르렀던 고조선과 고구려의 영토가 사라지는 것이다. 그래서 박지원은 이를 침략당한 것도 아닌데 영토가 줄어든 것이라고 말했다.

그런데 동천왕이 머무른 평양이 지금의 평안도 평양이라고 하면 고구려의 역사는 줄줄이 꼬이게 된다. 고구려가 환도성으로 도읍을 옮겼을 때는 중국 대륙으로 나아가기 위해서라고 했는데, 기껏 평안도 가까이로 옮기면서 대륙을 노린다는 것은 말이 되지 않는다.

그렇다면 도대체 평양은 어디였을까? 지금의 평안도 평양과는 무슨 관계일까? 조선시대의 실학자 박지원은 1780년에 쓴 《도강록》이라는 책에서 이에 대해 밝혀 놓았다. 아주 길고 복잡하게 쓰여 있는 박지원의 주장을 쉽게 요약하면 다음과 같다.

'고구려의 평양은 평안도의 평양이 아니다. 중국 땅의 영평과 광녕도 평양이고 발해의 도읍지이자 요나라의 도읍지였던 요양현도 평양이다. 고구려는 왕이 머무는 곳마다 평양이라 했으니 지금 평안도에 있는 평양도 그 가운데 하나일 뿐이다.'

고구려의 '평양'이라는 말은 어느 한 도시를 가리킨 것이 아니라 '도읍지'를 뜻하는 말이었다.

우리는 흔히 '미국의 서울은 워싱턴', '일본의 서울은 동경', '중국의 서울은 북경'이라고 한다. 이때 '서울'이라는 말은 '수도'라는 뜻이다. 우리나라는 '수도'라는 뜻의 '서울'을 그대로

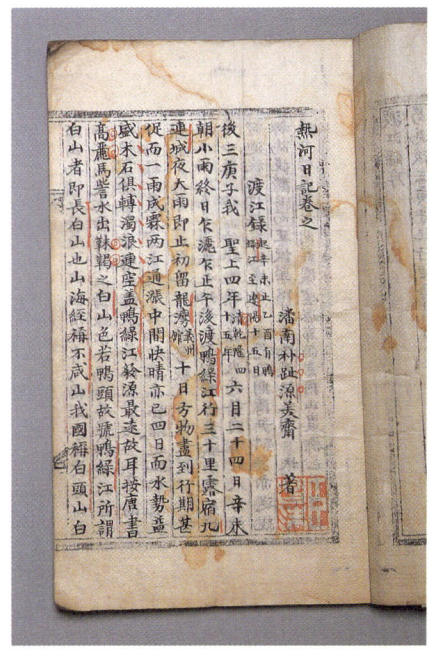

《도강록》

박지원이 쓴 《열하일기》 총 26권 가운데 1권으로 압록강에서 요양까지를 여행한 15일 동안의 기록을 담고 있다.

충남대학교 도서관 소장

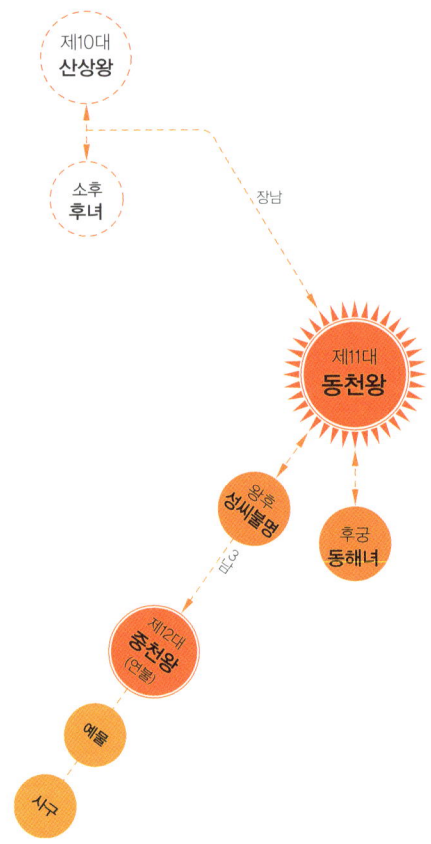

도시 이름으로 쓰고 있다.

'평양'이라는 말도 마찬가지다. 그래서 동천왕이 머무른 평양은 지금의 평안도 평양이 아니라 압록강 너머 한참 먼 곳에 있던 평양이다. 지금의 평안도 평양은 동천왕 이후 세월이 한참 흐른 뒤 광개토왕이 도시를 세우면서 평양이라 부른 것이 지금까지 전해지는 것이다.

평양이 과연 어디인가 하는 것은 조금은 어렵고 복잡한 수수께끼다. 하지만 평양을 어디로 두느냐에 따라 고조선과 고구려의 영토가 크게 달라지기 때문에 그냥 지나칠 수 없는 중요한 문제다.

고구려의 평양이 평안도 평양이 아님을 알아 두는 것은 우리 역사를 올바로 이해하기 위해 반드시 필요하다.

제12대 중천왕실록

고구려를 다시 일으켜 세운 중천왕

 중천왕시대의 세계 약사

중국은 삼국시대의 종말을 앞두고 있었다. 위나라에서는 조씨 왕조가 무너지고 사마의의 아들 사마소가 263년에 촉을 무너뜨렸다. 265년에는 사마소의 아들 사마염이 조씨 왕조를 무너뜨리고 진나라를 세웠다.
서양의 로마에서는 데키우스가 필리푸스를 폐위시키고 그리스도교를 박해하기 시작했다. 데키우스는 고트족의 침입을 막다가 전사하고 발레리아누스가 제위에 올랐다. 그러나 발레리아누스도 페르시아와의 전쟁에 져서 포로가 되는 치욕을 겪었다.

왕위에 오르자마자 일어난 반란

위나라 군대를 겨우 몰아내고 불타 버린 환도성 대신 평양성에 머무르던 동천왕은 평양에 머무른 지 1년 7개월 만에 세상을 떠나고 말았다.

동천왕이 눈을 감자 많은 백성이 슬퍼했으며 심지어 왕의 무덤에 함께 묻히겠다는 사람들도 있었다. 이에 대해 《삼국사기》에는 다음과 같이 쓰여 있다.

백성들이 왕의 은덕을 생각하고 그의 죽음을 슬퍼하지 않는 자가 없었다. 신하들 가운데에는 스스로 목숨을 끊어 순장(죽은 사람과 함께 산 채로 무덤에 묻힘)되기를 바라는 자가 많았으나, 새 왕이 예가 아니라 하며 허락하지 않았다.

그러나 장례 일에 왕릉에 와서 스스로 목숨을 끊은 자가 아주 많았다.

평소 사랑하고 존경하던 동천왕이 세상을 떠나자 백성들은 불안감에 휩싸였다.

"나라는 잿더미가 되었는데 위대한 임금께서는 갑자기 돌아가셨으니 앞으로 나라가 어찌 될지 알 수 없구나."

"이 조그마한 평양성에 왕이 머무르면 나라의 운이 일어서지 못할 거야. 환도성으로 돌아가야 해."

동천왕이 세상을 떠나자 불안에 빠진 백성과 신하들 사이에서는 환도성으로 돌아가야 한다는 말이 돌았다. 하지만 환도성은 잿더미였다. 동천왕이 세상을 떠나고 왕위에 오른 중천왕은 환도성으로 돌아갈 수 없었다.

'환도성은 이미 폐허가 되었어. 어떻게 해서든 이곳 평양성을 새 도읍지로 만들어야 해. 하지만 백성들이 이토록 불안해하니 어찌하면 좋을까?'

이렇게 고민에 빠진 중천왕은 한 가지 방법을 생각해 냈다.

'옳거니! 왕위에 오른 지 한 달도 안 되었지만 왕비를 맞아들이는 것이 어떨까? 왕비를 맞아들이면서 잔치를 열면 백성들도 불안에서 벗어날 거야.'

그러고는 누구를 왕비로 맞아들일지 고민했다.

'아무래도 연나부 여자를 왕비로 맞아들여야겠어. 연나부의 힘을 빌려 이 어려운 시기를 헤쳐 나갈 수밖에 없어.'

연나부는 왕실의 외척 세력이라 가장 큰 권력을 쥐고 있던

1. 중천왕 (?~270)

고구려 제12대 왕(재위 기간 248~270)으로 동천왕의 맏아들이며, 이름은 연불이다.

가문이었다. 중천왕은 연나부의 힘에 기대 전쟁 뒤의 어려운 때를 이겨 내려 한 것이다.

하지만 중천왕의 생각에 반대하는 무리가 있었다.

"도대체 연나부 사람들이 권력을 잡고 한 일이 뭐야?"

"연나부 사람들이 권력을 쥐고 전쟁이나 벌이는 통에 환도성이 불타고 백성들이 수없이 죽은 게 아닌가 말이야."

"새 임금은 그런 연나부 사람들과 또다시 손을 잡으려 하니 언제 또 전쟁이 일어날지 모르잖은가?"

이런 말이 연나부를 뺀 귀족 가문들 사이에서 퍼지고 있었다. 그리고 이런 말을 퍼뜨리며 중천왕을 헐뜯는 무리가 있었으니, 그들은 예물과 사구였다.

예물과 사구는 중천왕의 동생들이었다. 그들은 중천왕이 왕위에 오른 것부터 마음에 들지 않았다.

"연불(중천왕)이 아니면 우리 가운데 한 명이 임금이 되었을 것이 아닌가?"

"그렇습니다. 그러면 환도성을 불타게 한 연나부 사람들에게 권력을 쥐어 주지 않았을 텐데요."

"지금 백성들은 환도성으로 돌아가야 한다고 아우성이라 나라가 어지럽다. 많은 신하들도 전쟁의 책임을 연나부에게 묻고 있으니 지금이야말로 왕을 갈아 치워야 할 때가 아닌가?"

"새 임금이 왕비를 맞아들인다고 정신이 없으니 지금 뜻있는 사람들을 모아서 군사를 일으켜야 합니다."

그들은 중천왕이 들어선 지 두 달도 되지 않은 때에 반란을 일으켰다. 중천왕은 이 소식을 듣고 슬픔에 빠졌다.

"내가 왕이 되자마자 동생들이 반란을 일으키다니, 참으로 험난한 시절이로다. 내게 힘이 없으니 슬퍼하는 것 말고는 할 일이 없구나. 여봐라, 국상 명림어수를 부르도록 하라."

중천왕이 부른 명림어수는 연나부 출신의 최고 신하였다. 중천왕은 그에게 반란군을 쳐부수도록 명령했다.

"나라가 어려운 때에 반란이 일어나서는 안 될 것이니, 그대는 저들을 잡아들여 다시는 이런 일이 없게 해 주시오."

"걱정 마십시오. 폐하의 마음을 편하게 해 드리겠습니다."

명림어수는 예물과 사구의 반란을 진압했으니, 이는 연나부와 다른 귀족들 사이의 대결이기도 했다. 이 반란을 누르고 나자 연나부 귀족은 더욱 힘이 강해졌다. 중천왕은 반란군을 누른 명림어수에게 큰 권력을 주었다.

"국상 명림어수는 모든 신하를 이끌고 나랏일을 돌보도록 하라. 또한 군사들을 맡아 국방을 책임지도록 하라."

연나부 출신의 명림어수가 고구려 군대를 손에 쥐고 나랏일을 맡아보게 된 것이다. 이로써 명림어수는 강한 권력을 지닌 국상이 되었다.

전쟁의 폐허 위에서 왕위에 오르자마자 반란을 겪은 중천왕은 연나부 귀족에게 권력을 내주며 어려운 시절을 버티려고 했다. 하지만 왕권을 되찾고자 하는 마음은 가슴 깊숙한 곳에 간직하고 있었다.

왕권을 되찾고 국력 회복에 성공하다

국상 명림어수에게 대부분의 권력을 내주며 한 발 뒤로 물러섰던 중천왕은 254년 4월 명림어수가 세상을 떠나자 왕권을 되찾을 결심을 했다.

"비류나부의 음우를 국상으로 임명하노라."

중천왕은 명림어수의 뒤를 이어 음우를 국상에 임명했다. 음우는 연나부에 비해 힘이 약한 비류나부 출신의 귀족이었다. 명림어수가 세상을 떠나자 당연히 다시 연나부 출신이 국상이 될 것이라고 생각했던 연나부 사람들은 매우 당황했다.

"아니, 임금이 우리를 버리기로 한 것이 아닌가?"

"이제까지 나랏일을 책임지며 희생한 것이 누구인데, 이럴 수가 있는가?"

"임금이 지난 6년간 발톱을 감추고 있었던 것이 아닌가?"

연나부 사람들은 이렇게 불만을 쏟아 냈지만 중천왕에게는 나름대로 자신감이 있었다.

'지난 6년간 평양성은 새 도읍지로 자리 잡았다. 이제 백성들도 환도성으로 돌아가자는 말 따위는 하지 않는다. 또한 폐허가 되었던 곳도 대부분 복구했으니 이제 왕의 권위를 되찾아야 할 때가 아닌가?'

중천왕은 이런 생각으로 명림어수에게 주었던 권력을 되찾고 권력이 약한 비류나부의 음우를 국상 자리에 앉힌 것이다.

하지만 연나부의 힘을 완전히 무시할 수는 없었다. 중천왕은 연나부를 달래는 것도 잊지 않았다.

"연나부의 명림홀도를 과인의 부마(사위)로 삼고자 하노라."

중천왕은 연나부 귀족에게 자신의 딸을 시집보냈다. 이것으로 자신이 연나부를 쳐내려 하는 것이 아니라는 뜻을 전했다.

이렇게 연나부를 달래 가며 왕권을 겨우 되찾기 시작한 중천왕이 그 권위를 완전히 되찾은 것은 위나라와의 전쟁 덕분이었다.

위나라에서는 관구검이 후퇴한 이후 고구려를 다시 쳐들어갈 기회를 계속 노리고 있었다. 특히 위나라의 최고 권력자 사마소(사마의의 아들)는 고구려를 쳐들어갈 욕심을 버리지 못했다. 그는 259년 12월 위나라 장수 울지해를 불러 말했다.

"우리가 지난날 고구려의 환도성을 불태우고 그들이 빼앗아 간 땅을 되찾아 오는 데는 성공했다. 하지만 그때의 승리는 고구려 왕이 무리한 욕심을 부려서 겨우 얻은 것이다. 우리가 천하의 주인이 되고자 하는데, 북방의 고구려를 완전히 누르지 못한다는 것이 말이 되느냐? 너에게 위나라 최고 군대를 맡길 테니 고구려 왕을 잡아 오도록 해라."

위나라 장수 울지해는 수많은 군사들을 이끌고 고구려를 쳐들어왔다. 그들의 목표는 중천왕이 머무르는 평양성이었다.

이 소식을 들은 중천왕은 분노를 감추지 못하고 손을 떨며 말했다.

"지난 전쟁에서 저들이 죽인 우리 백성이 얼마인가? 환도성을 잿더미로 만든 저들을 결코 용서할 수 없다. 내가 직접 군사를 이끌고 나아가리라."

중천왕은 군사를 이끌고 위나라 군대를 직접 맞이하러 나갔다.

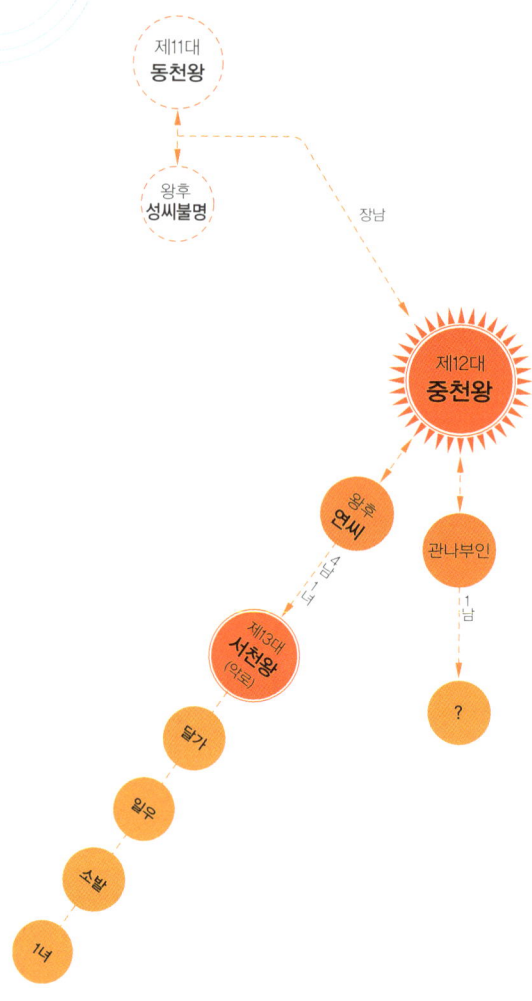

"지금 위나라 군대는 환도성을 불태운 경험을 잊지 못하고 무작정 평양성으로 달리고 있다. 저들은 고구려 땅에 익숙하지 않으니 비류수와 양맥 골짜기에서 함정에 몰아넣고 싸우면 크게 이길 것이다. 그곳을 전쟁터로 삼으라."

비류수와 양맥 골짜기는 동천왕 시절에 이미 위나라 관구검의 군대를 크게 무찌른 곳이었다. 중천왕은 5,000명의 정예 부대를 이끌고 양맥 골짜기를 지나는 위나라 군대를 기습했다. 무작정 평양성으로 달리기만 하던 위나라 군대는 골짜기 위에서 쏟아지는 화살을 피하지 못하고 쓰러졌다. 또한 골짜기를 벗어나 달아나는 군사들은 고구려 병사들의 창칼에 목숨을 잃었다. 그리하여 이 전쟁에서 위나라 군대는 8,000명의 군사를 잃고 말았다.

"우리 임금님이 위나라 군대를 물리쳤다."

"위나라 군대는 아무것도 못하고 달아났으니 다시는 쳐들어오지 못할 것이다."

"임금님 만세!"

백성과 병사들은 이렇게 외쳤다. 고구려 사람들은 환도성을 불태우고 닥치는 대로 백성을 죽인 위나라 군대를 잊지 않고 있었다. 그래서 이를 물리친 중천왕을 더욱 크게 칭송했다.

궁궐과 도읍이 불탄 폐허 위에서 왕위에 올랐다가 반란을 겪고 신하들에게 왕권마저 내주었던 중천왕. 그는 이렇게 폐허를 딛고 일어서서 고구려를 다시 일으켜 세운 것이다.

고구려사 깊이 읽기

고구려의 예술 세계는 어떠했을까?

고구려 문학은 《삼국사기》와 《삼국유사》에 전하는 내용 밖에는 찾아보기 힘듭니다. 이를테면 호동 왕자와 낙랑 공주, 평강 공주와 온달 이야기 같은 것인데, 두 이야기는 비록 사실을 바탕으로 했지만 소설 느낌이 나는 설화라고 할 수 있지요.

이 밖에 시도 몇 편 전해집니다. 유리왕이 연인과의 이별을 안타까워하면서 지었다는 〈황조가〉, 을지문덕이 수나라 장수 우중문에게 보냈다는 한시가 대표적입니다. 그러나 고구려 문학은 손에 꼽을 정도로 몇 편 남아 있지 않습니다.

그렇다면 고구려의 음악은 어떨까요?

고구려 음악을 대표하는 사람은 왕산악으로, 중국의 칠현금을 개조해 현학금을 만들었습니다. 왕산악은 100여 곡을 남겼다고 하는데, 오늘날까지 전해지는 것은 단 한 곡도 없습니다.

왕산악의 현학금은 '현금'이라고도 하는데, 이것이 신라에 전해져 '옥보고'라는 최고의 음악가를 낳았지요.

고구려의 음악은 신라뿐 아니라 일본에도 많은 영향을 미쳤습니다. 일본에서는 고구려 음악을 '고마가쿠(高麗樂)'라고 불렀답니다.

이렇듯 고구려 음악은 신라와 일본에도 영향을 끼칠 만큼 발전했지만 제대로 전해지는 것은 아무것도 없습니다.

하지만 문학이나 음악과 달리 고구려는 미술품에서 많은 흔적을 남기고 있습니다. 고구려 미술의 대부분은 무덤의 벽화로 남아 있습니다. 중국의 집안과 북한의 평양, 압록강 주변에는 엄청난 숫자의 고구려 무덤이 남아 있으며, 그 속에는 아주 뛰어난 벽화들이 있지요. 고구려 벽화는 색깔이 화려하고 선이 섬세하며 구도가 매우 뛰어나기 때문에 고구려 사람들의 미술 감각을 한눈에 읽을 수 있는 중요한 자료가 됩니다.

고구려 미술을 대표하는 인물은 담징으로, 일본에 건너가서 활약한 승려입니다. 담징은 나라현에 있는 호류사에 머물면서 금당 벽화를 그렸다고 합니다. 호류사의 금당 벽화는 일본에서도 매우 귀하게 여겼던 작품이지요.

그러나 1949년 1월 법당을 고치다가 불이 나서 모두 사라졌다고 합니다. 지금 호류사에는 그 그림을 베낀 벽화가 그려져 있습니다. 하지만 호류사 금당 벽화가 담징의 작품이 아니라고 주장하는 일본 사람도 아주 많습니다.

금당 벽화

안타깝게도 지금은 원본을 볼 수 없지만 경주의 석굴암, 중국의 원강 석불과 함께 동양의 3대 미술품 가운데 하나로 손꼽힐 만큼 뛰어난 작품이다.

일본 나라현

제13대 서천왕실록

북방으로 영토를 넓힌 서천왕

숙신의 침략과 북방의 영웅 달가

위나라가 중천왕이 이끈 고구려 군대에게 진 뒤 고구려는 전쟁이 없는 평화를 한동안 누릴 수 있었다. 중천왕은 270년 10월 세상을 뜰 때까지 평화 속에서 나라의 힘을 회복하는 데 성공했기 때문에 고구려는 외적의 위협에서 벗어나는 듯했다.

이러한 안정 속에서 중천왕에 이어 왕위에 오른 서천왕¹은 눈을 먼 곳으로 돌렸다.

"북방 대륙은 우리 선조들이 태어난 곳이다. 나는 고구려를 북방의 주인으로 세울 것이다."

서천왕이 눈을 돌린 곳은 초원이 펼쳐진 북방 대륙이었다. 서천왕은 276년 4월부터 8월까지 약 4개월 동안 북방을 직접

서천왕시대의 세계 약사

중국에서는 진의 사마염이 280년 오를 무너뜨리고 마침내 중국을 통일했다. 선비족은 모용외의 지휘 아래 부여를 위협하고 진과 고구려 변방을 노략질했다. 290년 진의 무제 사마염이 세상을 떠나고 혜제 사마충이 즉위했다.
서양의 로마에서는 아우렐리우스 황제가 피살되고 타키우스가 왕위에 올랐다. 이때 페르시아에서는 마니가 순교해 로마에까지 마니교가 알려졌다. 282년에는 카루스가 왕위에 올라 이듬해에 페르시아를 무찔렀다.

돌아보며 북방 경영의 꿈을 키웠다.

고구려 왕이 직접 북방에 눈길을 돌리자 위협을 느낀 세력은 숙신이었다. 숙신은 서쪽으로는 송화강, 남쪽으로는 두만강, 북쪽으로는 흑룡강과 북극해에 이르는 곳에 흩어져 살던 부족이었다. 그들은 읍루, 물길이라고도 불렸으며 나중에 말갈과 여진의 일부가 되는 유목 부족이었다.

숙신은 고구려가 북방으로 나아가려 하자 위협을 느끼고 고구려를 쳐들어왔다. 때는 280년 10월, 그들은 고구려 국경 부근에 들어와서 사람들을 닥치는 대로 죽이고 돌아갔다.

"숙신이 감히 우리 백성들을 죽였으니 그냥 두어서는 안 될 것입니다."

"예부터 우리나라는 북방의 주인으로 숙신을 정벌해 그 위신을 세워야 할 것입니다."

서천왕은 이러한 신하들의 말을 받아들여 다음과 같은 명령을 내렸다.

"내가 미미한 몸으로 왕위를 이었으나 나의 덕은 백성을 평안케 하지 못했으며, 위엄은 백방에 떨치지 못했다. 이에 적들이 우리 강토를 쳐들어왔으니, 이제 지혜로운 신하와 용감한 장수를 얻어 외적을 쳐부수고자 한다. 그대들은 뛰어난 인재를 추천하도록 하라."

그러자 신하들이 한목소리로 대답했다.

"대군 달가²가 덕이 높고 용맹과 지혜를 두루 갖추었으니 그로 하여금 숙신을 정벌케 하소서."

---

1. 서천왕 (?~292)
고구려 제 13대 왕(재위 기간 270~292)으로 중천왕의 둘째 아들이다. 이름은 약로 또는 약우로, 255년 태자에 책봉되었고 270년 왕위에 올랐다.

2. 달가 (?~292)
중천왕의 셋째 아들이다. 280년 숙신 세력을 물리쳤으며, 인덕이 많아 따르는 사람이 많았다.

신하들에게 추천받은 달가는 중천왕의 셋째 아들이자 서천왕의 동생이었다. 서천왕은 신하들의 추천을 받아들여 달가를 북방 정벌의 대장군으로 임명했다.

달가는 정벌에 나서면서 군사들에게 말했다.

"오늘 우리가 정벌에 나서는 것은 그 누구도 우리의 강토를 넘보거나 우리 백성을 해치지 못하도록 하기 위해서다. 또한 우리는 원래 북방에서 비롯된 민족이니 북방을 다스려 주인의 위신을 세우기 위해서다. 그대들은 모두 나를 믿고 하나가 되어 싸워 주기 바란다."

병사들은 덕망이 높은 달가를 잘 따랐다. 달가는 이러한 병사들을 이끌고 단숨에 숙신의 땅으로 나아갔다.

"고구려 군대가 몰려온다."

"달가 장군이 군사를 이끌고 온다."

숙신은 달가의 고구려 군대가 쳐들어온다는 소식만 듣고도 달아나 버렸다. 달가는 달아나는 숙신 세력을 뒤쫓아 눈 깜짝할 사이에 그들의 본거지인 단로성을 점령해 버렸다. 그리고 그곳에서 숙신 부족의 우두머리를 붙잡아 처형했다.

"끝까지 저항하는 숙신 세력이 있는데 어찌해야

합니까?"

달가는 부하의 말을 듣고 명령했다.

"우두머리를 잃은 그들을 굳이 죽일 필요는 없다. 그들을 먼 곳으로 옮겨 살게 하자."

달가는 끝까지 버티던 숙신 부족 600여 호를 부여의 남쪽 도시 오천으로 쫓아 보냈다. 피를 흘리지 않으면서도 그들이 고구려를 넘보기 힘든 먼 곳으로 보낸 것이다. 또한 고구려에서 가까운 7개 부락은 직접 항복시켜 고구려 군대의 지배를 받게 했다.

달가가 숙신 정벌에 성공했다는 소식을 들은 서천왕은 크게 기뻐했다.

"달가는 정녕 북방의 영웅이로다. 달가에게 도성과 지방의 모든 군사들을 책임지게 하라. 또한 북방의 부락을 직접 다스리게 하라."

이리하여 달가는 숙신이 지배하던 땅을 직접 다스리게 되었다. 그는 서천왕이 임명한 북방의 왕이 된 셈이었다. 이렇게 달가가 북방을 다스리자 숙신은 물론 북방의 어떤 부족도 고구려를 함부로 넘보지 못했다. 또한 높은 덕망으로 북방 지역을 다스리니 북방 부족과 다투는 일도 없어졌다. 이런 달가를 고구려 백성들은 몹시 사랑했다.

하지만 고구려 사람들의 사랑을 한 몸에 받은 영웅 달가는 나중에 조카 봉상왕의 질투를 받아 죽음을 당하고 만다. 백성들은 달가가 죽고 나자 또다시 외적이 쳐들어올 것이라는 불안

> **3. 진나라** (265~419)
> 조조가 세운 위나라에서 최고 권력을 쥐고 있던 신하였던 사마염이 세운 나라다. 서진 시대(265~316)와 동진 시대(317~419)로 나누어진다.

감에 휩싸였다. 그리고 실제로 선비족의 침입을 받아 왕이 몸을 피해야 하는 일이 터지기도 한다.

북방 경영에 나서다

중천왕 시절에 고구려를 쳐들어갔다가 쓴맛을 본 위나라의 사마소는 263년에 촉나라를 무너뜨리는 데 성공했다. 또한 265년에는 사마소의 아들 사마염이 조조 이후 위나라의 왕실을 이어 오던 조씨 왕조를 무너뜨리고 진나라를 세웠다. 그리고 280년에는 마침내 오나라까지 무너뜨리고 중국 대륙을 통일했다.

이렇게 남쪽의 중국 대륙에서 사마씨 왕조가 통일 국가를 세웠을 때, 북쪽 대륙에서도 천하의 주인 자리를 차지하기 위한 싸움이 벌어졌다.

북방 대륙에서 가장 강한 자는 단연 고구려였다. 고구려는 달가 장군이 숙신 정벌에 성공한 뒤로 북방의 주인으로 자리매김하는 듯했다. 하지만 북방에는 고구려에 버금가는 세력이 있었으니, 바로 선비족이었다.

"선비의 군사들이 남쪽으로 내려가 요서 지방을 공격했다고 합니다."

"선비의 왕 모용외가 진나라의 유주를 공격했다고 합니다."

서천왕은 이러한 선비의 움직임을 놓치지 않고 보고 있었다.

"281년에는 진나라와 오나라가 싸우는 사이에 요서를 공격하더니, 285년에는 진나라의 유주를 정면으로 공격했구나. 아주 대담하고 용맹한 부족이로다."

사실 선비족은 오래전부터 고구려와 함께 북방에서 활약한 부족이었다. 그들은 때로 고구려와 손잡고 한나라를 함께 공격하기도 했다. 이들은 중국 사람들에게 공포를 안겨 준 강한 부족으로 중국 역사에 중요하게 기록된 '북위'라는 나라를 세우기도 한다.

"선비족이 부여를 공격하고 있다고 합니다."

북방을 휩쓸며 남쪽의 진나라를 두려움에 떨게 한 선비족은 마침내 수백 년 동안 북방을 지배해 온 부여를 공격했다. 서천왕은 이 일에 큰 관심을 보였다.

"선비와 부여의 전쟁이 어떻게 되고 있는지 자세히 보고하도록 하라."

부여는 가장 오래된 북방의 강자였고 선비와 고구려는 최강 자리를 두고 다투고 있었기 때문에 서천왕이 이 일에 큰 관심을 가지는 것은 당연했다.

"부여성이 무너지고 부여 왕 의려가 목숨을 끊었다고 합니다."

"선비가 부여 사람 1만 명을 끌고 갔다고 합니다."

이 보고를 듣고 서천왕은 기다렸다는 듯이 말했다.

"지금 부여 땅에는 주인이 없다. 즉시 군사를 보내 부여 땅을 차지하도록 하라."

그랬다. 선비족에 의해 무너진 부여의 왕족은 곳곳에 흩어졌

4. 일우 (?~286)
중천왕의 넷째 아들이다.

5. 소발 (?~286)
중천왕의 다섯째 아들이다. 286년 일우와 함께 반란을 꾀하다 붙잡혀 죽음을 당했다.

다. 그 가운데 일부는 진나라의 힘을 빌려 부여를 다시 세우기도 하고, 또 다른 일부는 북옥저 땅으로 가서 임시 정부를 만들기도 했다. 해부루와 금와왕이 다스리던 수백 년 전통의 부여는 사실상 무너지고 만 것이다.

서천왕은 부여가 무너진 자리를 놓치지 않고 차지했다.

"고구려는 본래 부여에서 나온 나라니라. 선조의 땅을 우리가 직접 다스리고 부여 왕실은 내가 돌보아 주겠노라."

서천왕은 부여 땅을 차지하는 동시에 북옥저에 세워진 부여의 임시 정부도 직접 관리했다. 선비에 의해 무너진 부여가 고구려 손에 떨어진 셈이다. 이로써 서천왕은 북방의 경영자로 우뚝 서게 되었다.

서천왕이 이렇게 북방을 경영하는 데 힘을 쏟고 있는 사이 나라 안에서는 반란을 꿈꾸는 사람들이 있었다.

"왕이 나라를 비우고 북방에만 신경 쓰고 있으니 지금이야말로 왕을 쫓아낼 수 있는 때가 아니냐?"

"그렇습니다, 형님. 이 기회에 불만 있는 자들을 끌어 모아 나라를 뒤엎으시면 됩니다."

이런 말을 주고받은 이들은 일우[4]와 소발[5]로, 서천왕의 동생들이었다. 그들은 왕위에 욕심을 내고 있었다.

일우와 소발은 서천왕에게 말했다.

"폐하, 요즘 병이 들어 온천에 가서 쉬고자 합니다."

그들은 병을 핑계로 서천왕의 눈을 피해 지방을 다니면서 반란 무리를 모을 생각이었다. 서천왕은 별다른 의심 없이 일우와 소발이 온천 여행을 다닐 수 있도록 해 주었다.

"왕이 나라는 돌보지 않고 북방으로만 나다니니 백성들이 고통에 빠져 있다."

"왕이 북방의 일에 끼어들어 나라에는 전쟁의 위험이 닥치고 있다."

"나라가 위기에 빠졌으니 새 임금이 필요하다."

일우와 소발은 이런 말을 퍼뜨리며 무리를 모으고 다녔다. 하지만 그들이 무리를 모아 반란을 일으키기도 전에 서천왕이 이 사실을 알게 되었다.

서천왕은 어느 날 일우와 소발에게 왕의 명령을 담은 문서를 내렸다.

"나라에 인재가 필요하고 젊은 왕족이 있으므로 너희에게 국상 자리를 맡길까 한다. 일우와 소발은 즉시 궁궐로 들어와 국상 자리를 받으라."

그러자 일우와 소발은 기분이 좋아 들떴다.

"형님, 왕이 그동안 우리를 서운하게 한 것이 마음에 걸렸나 봅니다. 국상은 최고 신하의 자리이니 우선 기쁘게 받아야 하지 않겠습니까?"

"그래, 왕도 아마 우리 세력이 두려울 것이다. 그러니 국상 자리를 주어 달래려 하는 것이 아니겠느냐?"

권력에 대한 욕심으로 가득 차 있던 일우와 소발은 국상 자리를 받기 위해 서둘러 궁궐을 향해 길을 떠났다. 하지만 이것은 서천왕의 속임수였다.

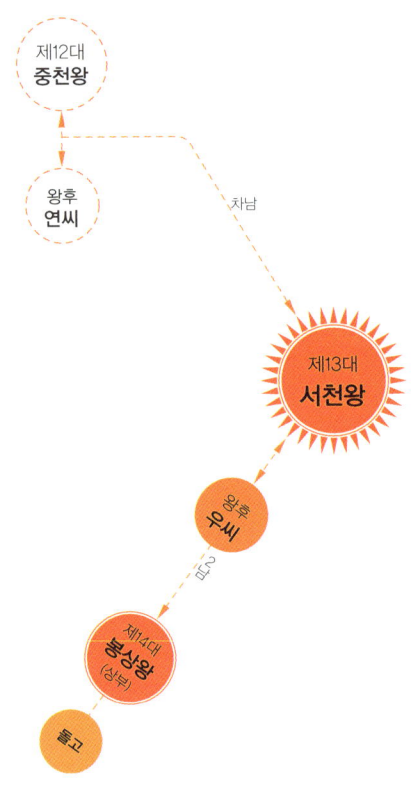

서천왕은 비밀스럽게 무사들을 불러 말했다.

"일우와 소발이 반란을 꾀하고 있어 그들을 벌하려 한다. 하지만 그들이 병을 핑계로 온천에 머무르며 무리를 모으고 있으니 내가 벌하고자 하면 저항할 것이다. 그래서 국상 자리를 준다는 말로 그들을 꾀어 궁궐로 오게 했으니, 너희는 길목에서 기다리고 있다가 일우와 소발을 그 자리에서 죽여 버려라."

무사들은 서천왕의 명령대로 별생각 없이 궁궐로 향하는 일우와 소발을 죽여 버렸다.

이렇게 허무하게 끝난 일우와 소발의 반란 사건은 서천왕의 북방 경영에 불만을 가진 사람들이 있었음을 말해 준다. 북방 대륙에 욕심내다가 전쟁을 불러들일 수도 있었기 때문이다.

하지만 서천왕은 굳은 의지를 가지고 북방 대륙 경영에 계속 힘을 쏟았다. 그러면서도 달가가 숙신을 정벌한 뒤로는 전쟁 한 번 벌이지 않고 드넓은 부여 땅을 차지하는 데 성공했다. 국가 안정과 영토 확장을 동시에 이룬 것이다.

서천왕은 288년 4월부터 11월까지 또다시 7개월 동안 북방을 돌아보며 북방 경영에 대한 의지를 온 세상에 보여 주었다. 그리고 북방 경영에 어느 정도 성공하자 이번에는 남쪽 대륙에까지 눈길을 돌렸다.

이렇게 고구려를 북방의 주인으로 세우고 남방까지 내다보던 서천왕은 자신의 꿈을 모두 이루지 못하고 292년 3월에 세상을 떠났다.

이 무렵 중국 대륙에는 통일 왕조 진나라가 있고 북방에는 선비와 고구려가 최강 세력으로 서 있게 되었다. 진나라, 선비, 고구려 세 나라가 서로 대등한 힘으로 경쟁하는 시대로 접어든 것이다.

고구려사 깊이 읽기

고구려의 관제 및 행정 체계는 어떠했을까?

고구려의 관직 가운데 좌보와 우보는 지방 조직을 관리하고 조정을 책임지는 자리였습니다. 이 자리는 제8대 신대왕 때는 국상으로, 제28대 보장왕 때는 막리지로 불렸어요.

고구려에 의해 정복된 국가의 왕은 왕·후 등으로 불리다가 각 나부에 편입되어 패자·대주부 등의 직위를 받았습니다. 이처럼 고구려의 지방 조직은 성 위주로 이루어졌지요.

내부에는 고추가(대원군·부원군)를 비롯한 종실 작위가 있었지만 그 작호는 전하지 않습니다.

각 나부에는 부장인 패자 이하 대주부·주부·우태·조의 등의 작위가 있었습니다. 이들 작위를 받은 사람은 모두 중앙 관료를 겸할 수 있었으며 자신이 속한 나부의 지위에 따라 그 한계가 결정되곤 했지요.

이 나부 체계는 독자적인 힘을 가지고 있었는데, 제9대 고국천왕에 의해 동·서·남·북부로 바뀌어 중앙 조직에 흡수되었습니다. 그리고 이때부터 작호도 바뀌어 태대형·대형·소형·대대로·대로 등으로 불렸으며, 이 작호는 때에 따라 관직으로 쓰이기도 했지요.

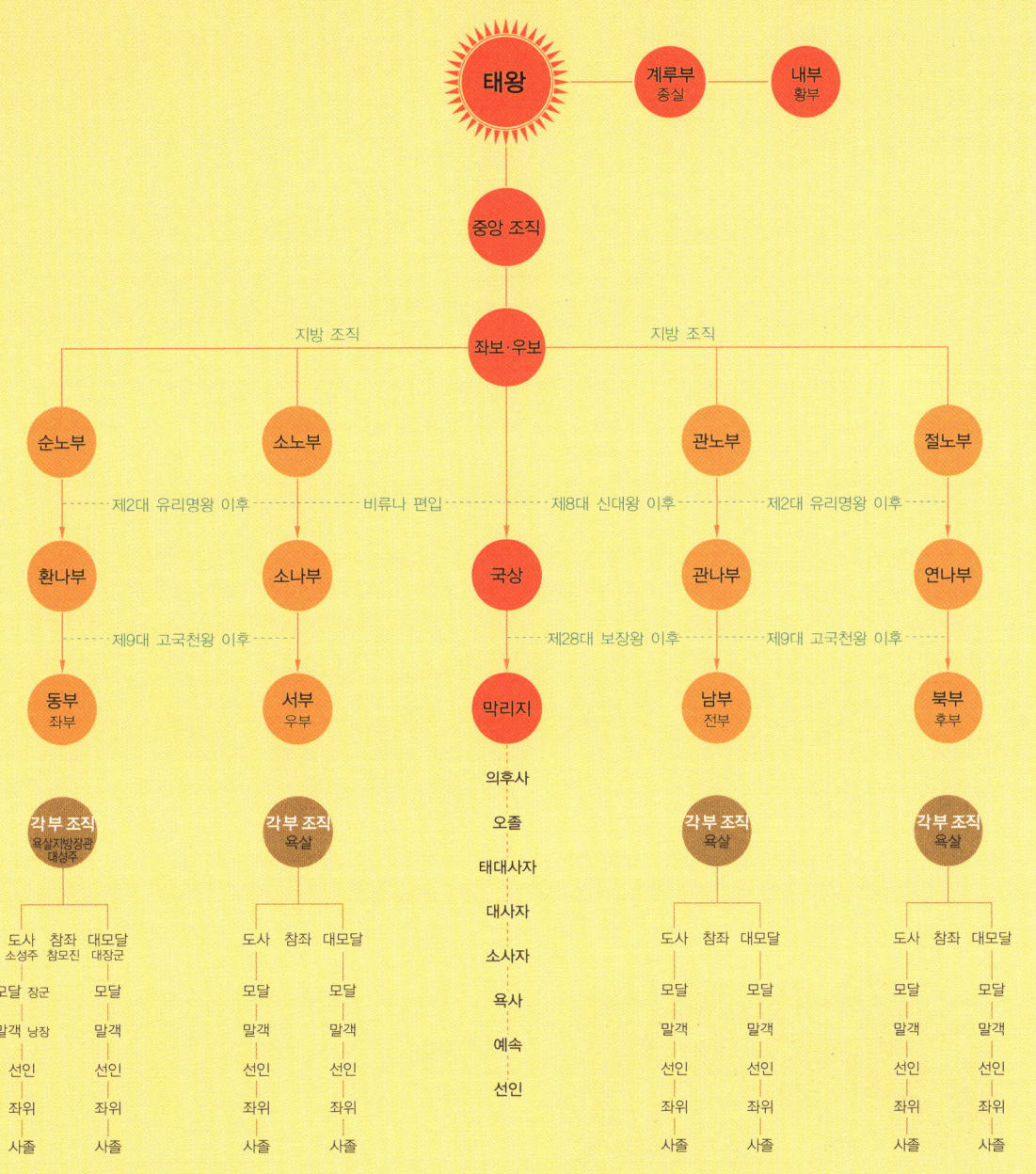